W

Nele Kreyßig

Warum es Bullshit ist, andere ändern zu wollen

GABAL

Externe Links wurden bis zum Zeitpunkt der Drucklegung des Buches geprüft. Auf etwaige Änderungen zu einem späteren Zeitpunkt hat der Verlag keinen Einfluss. Eine Haftung des Verlags ist daher ausgeschlossen.

Bibliografische Information der Deutschen Nationalbibliothek

Die Deutsche Nationalbibliothek verzeichnet diese Publikation in der Deutschen Nationalbibliografie; detaillierte bibliografische Daten sind im Internet über http://dnb.d-nb.de abrufbar.

ISBN 978-3-86936-970-9

Lektorat: Eva Gößwein, Berlin | www.textstudio-goesswein.de
Umschlaggestaltung: Martin Zech Design, Bremen | www.martinzech.de
Titelbild: Irina Fischer / AdobeStock
Autorenfoto: Johannes Meger
Satz und Layout: Das Herstellungsbüro, Hamburg | www.buch-herstellungsbuero.de
Druck und Bindung: Salzland Druck, Staßfurt

Wir drucken in Deutschland.

www.gabal-verlag.de
www.facebook.com/Gabalbuecher
www.twitter.com/gabalbuecher
www.instagram.com/gabalbuecher

PEFC
PEFC/04-31-2251

PEFC zertifiziert
Dieses Produkt stammt aus nachhaltig bewirtschafteten Wäldern und kontrollierten Quellen.

www.pefc.de

INHALT

Glück ist kein Geschenk der Götter,
sondern die Frucht innerer Einstellung.

Erich Fromm

EINFÜHRUNG: WARUM SIE NICHT GLÜCKLICH WERDEN, SOLANGE SIE ANDERE ÄNDERN WOLLEN

Ich könnte sie schütteln, die Frau an der Supermarktkasse vor mir. Es ist Freitagabend, ich bin müde und habe es eilig. Schlechte Kombination. Und da höre ich, wie die Frau zur Kassiererin sagt: »44,89? Das müsste ich passend haben.« In aller Seelenruhe, so kommt es mir vor, rührt sie nun in ihrem Portemonnaie herum, kramt kupferfarbene Münzen hervor, beäugt sie prüfend: »Vier, sechs, sieben ... Ach nein, passt doch nicht.« Dass die Schlange hinter ihr inzwischen noch länger geworden ist, scheint sie gar nicht zu bemerken. Nach einer gefühlten Ewigkeit findet sie endlich einen Fünfzig-Euro-Schein im hinteren Teil ihrer Börse. Geht das nicht ein bisschen schneller? Inzwischen ist meine Laune auf dem Tiefpunkt.

So richtig gut begonnen hat der Tag ohnehin nicht. Auf mein – wie ich fand – tolles Seminarkonzept hin rief mich die Assistentin des Personalleiters an. Alles sei wunderbar, nun müsse ich nur noch das Ganze in das dafür vorgesehene Formular der Personalabteilung eintragen. »Sie verstehen, Frau Kreyßig, die Vorschriften. Ich maile Ihnen mal den Bogen. Den brauchen wir möglichst heute noch zurück, um das Go des Chefs zu bekommen.« Als ich den Anhang öffnete, stieß ich auf ein achtseitiges Formblatt mit vielen Kästen, Ausfüllblöcken und Winzigschrift. Na prima. Müssen die so bürokratisch sein? Während ich mich durch die Seiten kämpfte, der Anruf einer Freundin: Sie organisiert den Junggesellinnenabschied einer gemeinsamen Freundin und wollte nun Ideen mit mir durchsprechen. Ob ich rote oder rosa T-Shirts besser fände? Ich atmete tief durch und entschied mich für Rot. »Warum das denn? Also, ich fänd ja Rosa besser.« Meine Güte, hat die nichts Besseres zu tun? Ich versuchte, das Gespräch abzukürzen, und erntete ein pikiertes: »Du hast ja nie Zeit!« Ich legte auf und kämpfte den Rest des Nachmittags mit meinem schlechten Gewissen und dem Ausfüllformular. Und jetzt auch noch die Kleingeldfetischistin vor mir.

Wenn die anderen uns das Leben schwer machen …

Kommt Ihnen das bekannt vor? Wir verbuchen das schnell unter »mieser Tag«. Glück sieht anders aus. Wenn die anderen sich nur ändern würden, schneller wären, unbürokratischer, weniger kompliziert! Unser Leben wäre so viel einfacher. Doch was ist eigentlich passiert? An der Supermarktkasse hat es zwei Minuten länger gedauert, am Freitagabend keine große Überraschung. Das Konzept wird vermutlich angenommen, es gibt nur noch eine überschaubare Hürde. Und in drei Wochen wird es eine rauschende Party geben, auf die ich mich eigentlich freue. Und doch kennen wir wohl alle den Gedanken, unser Leben wäre leichter und letztlich auch glücklicher, wenn »die anderen« uns nicht immer wieder kleinere oder größere Knüppel zwischen die Beine werfen würden. Langsame Mitkunden oder nervige Formulare sind da noch das geringste Übel. Wie viele Eltern hadern mit ihren längst erwachsenen Kindern, beispielsweise weil die nicht so ehrgeizig sind wie erhofft und statt Arzt lieber Eventmanager werden? Wie viele erwachsene Kinder besuchen ihre vermeintlich »spießigen« Eltern nur noch aus Pflichtgefühl und leiden unter den immer gleichen Themen und Vorhaltungen am Kaffeetisch? Wie viele Führungskräfte schimpfen über die Azubis von heute, die alles über Apps und Smartphones wissen, aber noch nie was von Kommasetzung gehört haben? Wie viele Beziehungen zerbrechen an unterschiedlichen Vorstellungen davon, was ein »gelungener Abend« ist und wie penibel es im Haushalt zugehen muss? Ganz zu schweigen davon, wie man »richtig« Weihnachten feiert und die Grundsatzfrage »Bei deinen oder meinen Eltern?« löst.

Der Änderungswunsch ist gegenseitig und er ist überall. Doch wenn ich will, dass du dich änderst, und du willst, dass ich mich ändere, finden wir uns gemeinsam in einer Sackgasse wieder. Und dann? Stillstand, Sprachlosigkeit, im schlimmsten Fall Entfremdung und Trennung. Mein persönlicher Schlüsselmoment war ein einziger Satz, der eine langjährige Freundschaft zerstörte, die zu meiner Hamburger Freundin Katja. Wir kannten uns seit unserem elften Lebensjahr. Hatten zusammen unsere Jugend verbracht, Boygroup-Sänger angeschmachtet, getanzt, gelacht, geweint, gestritten, uns wieder vertragen, unzählige gemeinsame

Urlaube, Abende, Tage, Nächte und Stunden miteinander erlebt und richtig viel Spaß miteinander gehabt. Eines Abends vor einigen Jahren – wir hatten uns gerade noch prächtig amüsiert – erzählte ich ihr, dass ich mich entschieden hätte: Ich würde von Hamburg nach Freiburg ziehen. Meine große Liebe lebte dort, und ich genoss jede Sekunde in dieser Stadt und Region. Katjas Reaktion machte mich erst einmal sprachlos: »In Freiburg kannst du doch niemals glücklich werden!«

Pause. Ich glaubte nicht richtig zu hören, zwang mich, durchzuatmen. Wie bitte?! Kein »Oh, ich freue mich, dass du dein Glück gefunden hast!«. Kein »Cool, wann kann ich dich besuchen kommen?«. Kein »Wann geht's los? Brauchst du Hilfe beim Umzug?«. Schlagartig schien die Raumtemperatur um zehn Grad gefallen zu sein. Wenig später verabschiedete ich mich kühl. Ein paar höfliche Telefonate später war es vorbei mit unserer Freundschaft. Das tat richtig weh, doch mit Katja darüber reden oder ihr verzeihen konnte ich damals nicht. Mir ist natürlich bewusst, dass nicht dieser eine Satz unsere Freundschaft zerstörte. Es gab eine Vorgeschichte der schleichenden Entfremdung, zu der auch ich meinen Teil beigetragen habe, keine Frage.

Bis ich anfing, mich intensiv mit Persönlichkeit und ihren Wurzeln zu beschäftigen, wusste ich nicht, was ich hätte anders machen sollen. Heute ist mir klar: Katjas kompromissloses Urteil und der Wunsch, der andere möge sich ändern, sind Kehrseiten derselben Medaille – der Medaille unserer persönlichen Prägung, unserer Werte und Gewohnheiten, unserer Erfahrung und nicht zuletzt auch unserer Gene. All das bestimmt, wie wir die Welt sehen. Das Vertrackte dabei: Wir unterstellen, die oder der andere müsse »die« Welt doch genauso sehen. Und wundern uns, warum sie oder er so merkwürdig anders reagiert und urteilt. In Katjas Vorstellung war Hamburg der Nabel der Welt. Ihr Vater, ein begnadeter Musiker, war hier geboren und erfolgreich geworden, hatte alle Höhen und Tiefen eines Künstlerlebens in Hamburg durchlebt. Dass es nirgendwo anders schöner sein konnte als in dieser Stadt, war in Katjas Welt vollkommen klar. Hamburg war der sichere und inspirierende Hafen, den man nicht verlassen sollte und wollte. Mit meinem heutigen Wissen hätte ich verständnisvoller reagiert. Ich hätte Katjas Statement nicht als herzlos gedeutet, sondern die Angst herausgehört, mich als Freundin zu verlieren. Ich hätte darüber gesprochen, wie sehr ich mir wünsche, dass unsere Freundschaft die Entfernung überlebt. Vermutlich hätte ich Katja und mir selbst viel Traurigkeit erspart. Mein Leben wäre phasenweise sehr viel glücklicher gewesen. Und Katja zählte vermutlich noch heute zu meinem Freundeskreis.

Warum der Änderungswunsch in eine Sackgasse führt …

Inzwischen bin ich überzeugt: Wer sich mit echter innerer Überzeugung von der Idee verabschiedet, andere müssten die eigene Weltsicht teilen und sich so verhalten, wie man selbst sich das vorstellt, lebt zufriedener und glücklicher. Sie oder er hat bessere Beziehungen und bekommt mehr Anerkennung und Wertschätzung als jemals zuvor – eine der wichtigsten Glücks-

… und wie es sich gelassener lebt.

quellen überhaupt. Dabei geht es nicht um Gleichgültigkeit, sondern um Verstehenwollen, um ein Verständnis, das zugleich die Chance bietet, gemeinsam aus der Sackgasse gegenseitiger Vorurteile und Forderungen herauszufinden. Dieses Buch ist als Wegweiser dazu gedacht. Es bündelt mein Wissen über Persönlichkeit und nimmt Sie mit auf eine Reise, die spannender ist als jeder Abenteuerurlaub: die Reise ins eigene Ich und in die Welt unseres Gegenübers. Im Kapitel 2 gibt es einige Übungen, die Sie auf dieser Reise unterstützen werden. Die Übungen stehen Ihnen zusätzlich als kostenfreier Download zur Verfügung, Sie finden Hinweise an den entsprechenden Stellen im Buch.

Viel Spaß dabei wünscht Ihnen

Ihre Nele Kreyßig
Freiburg im Breisgau, Herbst 2019

Vollkommen liebenswert und vollkommen hassenswert sind nur die Menschen, die man nicht kennt.

Evelyn Waugh

1 IN DER BEWERTUNGSFALLE

Kennen Sie Rumpel? Das ist der Griesgram in der Sesamstraße. Neben Schrott und Müll liebt er Leute, die schlechte Laune haben. Wenn jemand gut drauf ist oder gar begeistert, bringt ihn das aus dem Konzept. Wir alle kennen solche Rumpels: den Onkel, der jede Familienfeier mit Dauerschimpfen über die Politik, die Wirtschaft, die EU oder auch die Jugend von heute beglückt. Die Nachbarin, die ein Haar in jeder Suppe findet (Treppe nicht geputzt, Staubsaugen in der Mittagsruhe oder die Neuen, die sich noch nicht vorgestellt haben). Die Bekannte, die auf die arglose Frage »Wie geht's?« jedes Mal haarklein berichtet, was ihre Chefin (oder auch ihr Mann, der Handwerker, die Klassenlehrerin) wieder alles falsch gemacht hat. Was wir dabei gern übersehen, ist der Rumpel in uns selbst. Und der kann uns das Leben hin und wieder ganz schön vermiesen.

»Die spinnen doch!«

Der tägliche Frust zu Hause und am Arbeitsplatz: Nervende Vorgesetzte und Socken unterm Bett

Moni ist einfach nur wütend. Jeden Tag das gleiche Spiel: Handtücher zusammengeknäult auf der Badewannenkante, schmutzige Socken im Schlafzimmer und die Kaffeetasse vom Frühstück in der Spüle statt in der Spülmaschine, die Luftlinie etwa 30 Zentimeter entfernt ist. Was denkt sich ihr Mann Jens nur dabei? Als sie an einem trüben Herbstmorgen das Haus verlässt, ist sie bereits kurz davor zu platzen. Es ist Montag und besonders gut geschlafen hat sie nicht. Den Bus erwischt sie gerade noch, aber der Busfahrer fährt so ruckartig an, dass sie beinahe stürzt. Macht der das extra? Im Büro angekommen, findet sie eine Notiz ihres Chefs vor: »Frau Wagner, wir müssen noch mal über den Messestand reden!« Kein Gruß, kein »Hallo, Frau Wagner«. So ein Blödmann. Oder ob sie einen Fehler gemacht hat? Hoffentlich ist da nicht mehr im Busch …

Das menschliche Gehirn ist ein Wunderwerk, ein wahrer Supercomputer. Es navigiert uns sicher durch den Alltag, lässt uns blitzschnell nach der Haltestange greifen, wenn der Bus ruckartig anfährt. Es versorgt uns mit Ideen zum neuen Messestand, speichert die Vorlieben des Chefs, lässt uns die Morgenroutine schlafwandlerisch bewältigen, während wir über alles Mögliche nachdenken, vom Geburtstagsgeschenk für die Freundin bis zur anstehenden Gehaltsverhandlung. Aber ist es auch so objektiv und zuverlässig, wie wir bewusst oder unbewusst unterstellen? Nehmen wir Moni – dieselbe Montagssituation, aber ein anderes Szenario:

Moni hatte einen wunderbaren Sonntag. Ihr Mann Jens hat sie zum Hochzeitstag mit einem Armreif überrascht, den sie beim letzten Schaufensterbummel bewundert hatte. Wie aufmerksam von ihm! Als sie am Montagmorgen gut ausgeschlafen ins Bad kommt, muss sie schmunzeln. Das mit den Handtüchern wird ihr Jens in diesem Leben wohl nicht mehr lernen, genauso wie das mit den Socken oder der Kaffeetasse. Aber schließlich hat sie sich auch wegen seiner Schusseligkeit in ihn verliebt. Auf der Fahrt ins Büro hat sie Glück. Sie erwischt einen Bus früher, der offenbar verspätet ist und ordentlich Gas gibt. Und ihr Chef hat endlich ihr Messekonzept gelesen und will mit ihr darüber sprechen.

Ob Sie sich ärgern, entscheiden Sie.

Rein äußerlich hat sich am Montag nichts geändert. Was sich verändert hat, sind Monis Reaktionen. Sie interpretiert die Dinge anders. Ihr Gehirn lässt problemlos die eine Wertung zu (zerknautschte Handtücher = rücksichtslos) wie die ganz andere (zerknautschte Handtücher = liebenswert schusselig). Nun gibt es nicht an jedem Sonntag schöne Überraschungen und liebevoll ausgesuchte Geschenke. Das ändert aber nichts an der Tatsache, dass Monis Montagsärger im ersten Szenario wie auch ihre Freude im zweiten Szenario hausgemacht sind. Im Alltagsverständnis sind es jedoch die anderen, die uns ärgern, und wir reagieren nur auf die von außen an uns herangetragenen tagtäglichen Zumutungen: Teenager, die morgens nicht aus dem Bett kommen, Ehepartnerinnen und -partner, die sich beim Frühstück hinter der Zeitung vergraben, Unbekannte, die uns den letzten Parkplatz vor der Nase wegschnappen. All das bewerten wir, und wenn es gegen unsere eigenen Vorstellungen und Bedürfnisse verstößt, ärgern wir uns eben. Und zwar je nach persönlichem Temperament mehr oder weniger.

Griesgram und Sonnenkind wohnen Tür an Tür.

Schon die Temperamentsfrage lässt allerdings Zweifel aufkommen, ob wirklich »die anderen« schuld sind am Alltagsfrust. Der eine Kollege im Büro hat die berüchtigte kurze Lunte und geht schon bei Kleinigkeiten an die Decke. Eine Kollegin dagegen lächelt die gleichen Ärgernisse einfach weg. Bereits die Antike unterschied den reizbaren Choleriker vom gleichmütigen Phlegmatiker, den grüblerischen Melancholiker vom heiteren Sanguiniker. Die Bereitschaft der Menschen, sich zu ärgern, ist ganz offensichtlich unterschiedlich, auch wenn wir heute Persönlichkeit differenzierter sehen als die antiken Philosophen (vgl. dazu Kapitel 2). Dass die Neigung zum Ärgern unterschiedlich ist, führen uns ja auch die Griesgrame und Sonnenkinder in unserem Umfeld vor Augen. Für die ersten ist die Welt eine einzige Provokation, für die zweiten ein Geschenk. Dabei kann kein Zweifel daran bestehen, dass beide auf demselben Planeten leben, manchmal sogar Tür an Tür oder Büro an Büro. Entscheidend ist neben der Persönlichkeit auch die Tagesform. An manchen Tagen kann uns vermeintlicher Ärger nichts anhaben, an anderen sind wir dünnhäutiger. Wer frisch verliebt ist, dem ist ein unfreundlicher Busfahrer ziemlich egal. Doch wer sich am Frühstückstisch schon gezofft hat, nimmt dasselbe Verhalten womöglich sehr persönlich.

Der Zwilling des Ärgers ist der Wunsch, die oder der andere möge sich ändern, sich doch bitte schön unseren Vorstellungen anpassen, etwas freundlicher, ordentlicher, zuverlässiger, rücksichtsvoller, schneller, langsamer, weniger empfindlich und dergleichen mehr sein. Die Liste ließe sich endlos verlängern. Doch wäre wirklich alles gut, wenn Monis Mann ab sofort die Socken zum Wäschekorb trüge und die Handtücher ordentlich aufhängte? Aller Wahrscheinlichkeit nach gäbe es auch dann noch genügend andere Ärgernisse. Und geht es bei der ganzen Sache tatsächlich nur um Schmutzwäsche und ein ordentliches Badezimmer? Der eigentliche Auslöser des Ärgers sind ja nicht Socken oder Handtücher am falschen Platz, sondern das, was Moni hineininterpretiert, ihre Bewertung: dass Jens keine Rücksicht nimmt, sich darauf verlässt, dass sie hinter ihm herräumt, oder Ähnliches. »Wenn du mich wirklich liebtest, würdest du gern Knoblauch essen« heißt ein Buch des bekannten Philosophen Paul Watzlawick, der sich intensiv damit beschäftigt hat, wie jeder von uns seine eigene Wirklichkeit konstruiert, also auf typische Weise interpretiert (zum »Konstruktivismus« später mehr). Auf diese Weise taugt sogar Knoblauch als Liebesbeweis und eine schmutzige Socke als Kriegserklärung. Einen Gefallen tun wir uns damit nicht.

Wer sich regelmäßig ärgert und aufregt, schadet damit am allermeisten sich selbst. Man kann sich tatsächlich krankärgern, wie Ärzte wissen. Und dabei geht es nicht nur um Magengeschwüre, sondern auch um Verspannungen, Rücken- oder Kopfschmerzen, Bluthochdruck, Schlafstörungen oder Herzprobleme. Wenn wir uns ärgern, schüttet unser Gehirn Stresshormone (z. B. Adrenalin,

Kortisol) aus. Geschieht das häufig und gelingt es uns nicht, den Stress wirksam abzubauen, werden wir krank. »Wer öfter ausrastet, ist früher tot«, schreibt die *Wirtschaftswoche* unter Berufung auf eine Metastudie von US-Forschern, die etliche Untersuchungen aus fünf Jahrzehnten zusammenfasst und einen Zusammenhang zwischen »intensiven negativen Emotionen« und einem erhöhten Risiko für Herzinfarkte, Schlaganfälle und andere ernste Erkrankungen herstellt.[1] Das heißt natürlich nicht, dass jeder morgen umkippt, der sich heute zu viel geärgert hat. Es zeigt aber, dass ein Leben, in dem wir uns weniger über andere aufregen und uns seltener wünschen, sie wären anders, nicht nur schöner, sondern auch gesünder ist.

Die Hoffnung stirbt zuletzt: Silvestervorsätze.

Dabei ist es eigentlich erstaunlich, dass wir uns immer wieder wünschen, unser Partner oder Nachbar, die Chefin oder der Kollege würden sich ändern. Wieso sind wir da eigentlich so optimistisch, obwohl wir selbst oft genug an unseren eigenen Änderungsvorsätzen scheitern? Schließlich sind spätestens im Februar jedes Jahres Millionen von Silvestervorsätzen Geschichte, meistens auch unsere eigenen. Und das, obwohl es oft »nur« darum geht, ein paar Kilo abzunehmen, öfter Sport zu treiben oder etwas weniger Alkohol zu trinken. Wenn wir es selbst nicht schaffen, unser Verhalten in derart überschaubaren Grenzen zu ändern, wieso erwarten wir dann, *andere* würden es tun – und das auch noch uns zuliebe? Der Verdacht liegt nahe, dass wir zufriedener wären, wenn wir uns von dieser Illusion verabschieden.

»Du bist ja total Neunziger!«

Warum wir ständig werten und woher unsere Urteile stammen

Vereinfacht gesagt, beruhen unsere Änderungsansprüche auf der Vorstellung, dass wir selbst zu wissen glauben, wie es »richtig« ist. Wir bewerten die Welt um uns herum, stellen fest, dass etwas (oder jemand) nicht so ist, wie wir das erwarten, und ziehen daraus den Schluss, der andere solle sich ändern. Es ist schließlich nur zu seinem Besten! Ironisch überspitzt schildern das die Ärzte in ihrem Song »Junge«, der so beginnt:

»Junge, warum hast du nichts gelernt?
Guck dir den Dieter an, der hat sogar ein Auto.
Warum gehst du nicht zu Onkel Werner in die Werkstatt?
Der gibt dir 'ne Festanstellung, wenn du ihn darum bittest.

(Refrain) Junge – und wie du wieder aussiehst!
Löcher in der Hose und ständig dieser Lärm.

Was sollen die Nachbarn sagen?
Und dann noch deine Haare, da fehlen mir die Worte.
Musst du die denn färben?
Was sollen die Nachbarn sagen?
Nie kommst du nach Hause, wir wissen nicht mehr weiter.«

Das klingt, als ob die Mitglieder der Punk-Band zu Hause einiges zu hören bekommen haben. Aber auch umgekehrt, von Jung zu Alt (oder zumindest Älter), funktioniert die Bewertungskeule. »Das ist ja total Neunziger«, sagte meine damals sechzehnjährige Schwester zu mir, weil ich lieber einmal telefonieren wollte, als WhatsApp-Pingpong zu spielen und Dutzende Nachrichten auszutauschen, um einen simplen Sachverhalt zu klären. Als ich sie nach dem Warum fragte, meinte sie: »Wenn wir schreiben, können wir beide doch erst mal in Ruhe nachdenken, bevor wir antworten.« Kein schlechtes Argument, oder? (Was auch schon wieder eine Wertung ist …) Ob wir wollen oder nicht, wir alle bewerten im Alltag ständig. Wie oft etwa ertappen Sie sich bei Sätzen oder auch Gedanken wie den folgenden:

- »So ein Idiot (Dummkopf, Blödmann, karrieregeiler Mistkerl, Biest, Miststück …)!«
- »Wie kann man nur?!«
- »Also, ich an deiner Stelle würde …«
- »Du solltest besser … «
- »Warum machst du nicht einfach …?!«
- »Du warst ja schon immer … (zögerlich, unvorsichtig, viel zu emotional, viel zu kopfgesteuert usw.)!«
- »Der oder die sollte sich mal ein Beispiel an … nehmen!«
- »Das gehört sich nicht!« (»Das macht man nicht!«)
- »Das ist wieder mal typisch!« oder »… typisch Frau / Mann (Einzelkind / Lehrer / Beamter / Handwerker / Politiker usw.)!«
- »Alle anderen haben aber …«
- »Frau Müller meint auch, dass …« »Die Leute reden schon …« (Das ist die beliebte Variante für Konfliktscheue: sich verstecken hinter anderen.)
- »Du wirst schon sehen, was du davon hast!« »Das wirst du später bereuen.« (= Droh-Variante)

- »Ich hätte nie gedacht, dass du mir / dir das antust!« (= Variante moralische Erpressung)

Beim Bewerten sind wir Opfer und Täter zugleich.

Beim Thema Bewertungen fühlen wir uns meistens als Opfer. Vielleicht leiden Sie noch heute darunter, dass Ihre Eltern meinen, Sie hätten lieber das Jurastudium machen oder einen anderen Mann heiraten sollen, und das bei jedem Familien-Kaffeetrinken spätestens nach 15 Minuten hervorkramen. Oder Sie sind genervt von einer ernährungsbewussten Freundin, die jedes Grillfest mit Vorträgen über Massentierhaltung bereichert, bevor sie ihre Maiskolben auspackt. Dass wir selbst häufig ebenfalls vorschnell werten – sozusagen »Täter« sind –, übersehen wir. Als ich vor einiger Zeit heimlich geheiratet habe, hatte so gut wie jede und jeder in meinem Umfeld eine Meinung dazu. Es gehöre sich nicht, das mache man so nicht und wie ich meinen Freunden / meiner Familie das antun könne. Nur sehr wenige haben mich gefragt, was uns zu dieser Entscheidung bewogen hat, oder uns einfach nur »Alles Gute für die Ehe!« gewünscht. Ich selbst habe mich allerdings wenig später bei ebenso bewertenden Gedanken ertappt, als eine Bekannte ganz traditionell, mit einem Riesenfest, Junggesellinnenabschied, Kutschfahrt und Hochzeitsfotografen geheiratet hat. Das wiederum ist nämlich so gar nicht mein Ding. Wieso fällt es uns so schwer, hinzunehmen, dass andere mitunter anders ticken als wir selbst, und uns mit Urteilen zurückzuhalten? Dass das so ist, zeigt auch das folgende Beispiel aus dem Berufsleben:

Der nette Herr am Empfang des Unternehmens, in dem ich heute als Beraterin engagiert bin, begrüßt mich höflich, wie gewohnt. Mein Gesprächspartner würde sich allerdings 20 Minuten verspäten. Aber so ist der, das wisse ja jeder hier. Der könne sich nicht organisieren. Oder Prioritäten setzen. »Aber dafür sind Sie ja sicher hier, oder?«, fragt er. Zwinkert mir zu und begrüßt den nächsten Besucher. Mal wieder fällt mir auf, wie leicht es Menschen fällt, über andere zu urteilen und vermeintliche Gründe zu kennen. Mein Gesprächspartner holt mich 27 Minuten nach unserem Termin am Empfang ab, entschuldigt sich und erklärt, seine Frau sei schwanger und er habe sie heute Morgen wegen Schmerzen in die Klinik gebracht. Der Herr am Empfang schaut nun verschämt zu Boden.

Manchmal liegen wir mit unseren Urteilen ganz schön daneben, weil wir nur einen Ausschnitt kennen, nur Teilinfos haben, aber trotzdem munter drausloswerten. Oder weil wir unsere eigenen Vorstellungen verabsolutieren, die der Betreffende aber nicht teilt (etwa wenn Eltern das Jurastudium zum Nonplusultra erklären oder erwachsene Kinder die Augen rollen, wenn die Eltern zum x-ten Mal in dasselbe »schöne Hotel« auf der Ferieninsel fahren). Das offenbar schwer abstellbare Wertungsbedürfnis, das wir alle mit uns herumtragen, wenn auch in unterschiedlichen Ausprägungen, hat vor allem eine Ursache: Wir blicken durch unsere eigene Brille auf die Welt. Diese Brille wird bestimmt durch unsere Erfahrungen, unsere Erziehung, unsere Vorbilder und unsere genetische Grundausstattung. Wer mit hohem Aktivitätslevel geboren und zu Fleiß und Anstrengung erzogen wurde, hat oft wenig Verständnis für Menschen, die es langsamer angehen lassen. Wem es nie an etwas fehlte und wer großbürgerlich aufgewachsen ist, wundert sich über die geringe Selbstsicherheit der weniger Begünstigten. Unsere eigene Art, die Welt zu sehen, ist sehr individuell und daher vergleichbar mit einer nur für uns angepassten Brille. Nur ich kann durch meine gut sehen, und Sie durch Ihre (auch wenn Sie selbst keine Brille haben, können Sie sich sicher vorstellen, wie individuell Brillengläser geschliffen sind). Würden Personen also im Moment des Wunderns ihre eigene Brille ab- und stattdessen die des Gegenübers aufsetzen, könnten sie nur noch verschwommen sehen. Da bleiben wir doch lieber bei unserer eigenen Brille und Weltsicht!

Hinzu kommt: Unser Gehirn liebt Automatismen. Wir genießen es, wenn wir Dinge im Schlaf beherrschen: Auto fahren, unser Lieblingsessen kochen, per WhatsApp schnell ein paar Fotos verschicken. Schnelle Urteile sind ebenfalls willkommene Abkürzungen: Etwas passiert, wir öffnen eine bekannte Schublade im Gehirn, und schwupps! – ist alles klar und unsere Welt in beruhigender Weise geordnet: Eine Hochzeit gehört gefeiert, mit Tanz, Familie und allem Drum und Dran. Herr XY kann sich nicht organisieren. Und »Die Ärzte« wären besser zu Onkel Werner in die Werkstatt gegangen, statt sich die Haare bunt zu färben und laute Musik zu machen. Meist ist uns gar nicht bewusst, woher unsere Urteile kommen und wie rasch wir andere be- und verurteilen. Allerdings reagieren wir empfindlich, wenn uns dasselbe passiert. Das deutet darauf hin, dass die menschliche Persönlichkeit ziemlich

Unser Gehirn liebt Abkürzungen.

komplex und mitunter rätselhaft ist. Im zweiten Teil des Buches gehe ich noch genauer darauf ein.

Neben unserer persönlichen Weltsicht-Brille und fertigen Wertungsschubladen spielt auch die chronische Faulheit des Gehirns eine Rolle. Es ist ein wirkliches Energiesparwunder! Treffen wir auf Menschen, ist es beispielsweise völlig normal, dass uns die Personen, die uns ähnlich sind, oftmals spontan sympathisch sind. Unser Gehirn hat es einfach leichter mit ihnen (es muss weniger analysieren), im Idealfall verstehen wir uns »blind«. Tickt dagegen jemand anders als wir selbst, wird es mühsamer. Das Gehirn muss sich mehr anstrengen, um das Gegenüber einzuordnen und zu verstehen. Während jede Schnittmenge (gleiche Hobbys, ähnliche Wortwahl, vertraute Werte und Verhaltensmuster) sich gut anfühlt, wird eine Differenz kritisch beäugt. Dann schießen uns Gedanken durch den Kopf wie »Der spricht aber komisch!«, »Seltsam, dass die sich so für Autos und Fußball interessiert. So sieht sie gar nicht aus«, »Wie kann man nur in einer Fleischfabrik arbeiten!«. Von solchen Irritationen zu (negativen) Bewertungen ist es nur ein winziger Schritt. Schauen Sie sich auf der nächsten Party um: Dort reden überwiegend diejenigen, die sich schon lange kennen, über die Dinge, über die sie auch auf der letzten Party schon geredet haben. Statt sich über neue Leute und neue Anregungen zu freuen, lockt uns unser Gehirn zu alten Bekannten, mit denen wir einen entspannten (wenn auch manchmal etwas langweiligen, weil ziemlich vorhersehbaren) Abend gegenseitiger Bestätigung verbringen können. Ausnahmen bestätigen auch hier natürlich die Regel.

Mit unseren Wertungen tun wir uns oft keinen Gefallen, und das nicht nur, weil wir vielleicht interessante neue Bekanntschaften versäumen. Wir stoßen Freunde vor den Kopf (denken Sie an meine Freundin Katja, die mir ein unglückliches Leben in Freiburg vorhersagte), wir entfremden uns von unseren Eltern, wir geraten in Streit mit unseren Nachbarn oder reiben uns tagtäglich am Arbeitsplatz auf, weil Kolleginnen und Kollegen oder unsere Führungskraft anders ticken, als wir uns das wünschen, und sich partout weigern, sich unseren Vorstellungen anzupassen. Dass Sie dieses Buch lesen, spricht dafür, dass Sie dieses Problem kennen. Doch wie stark werten Sie selbst? Gehören Sie zu den toleranteren Zeitgenossen oder zu den meinungsstarken, die immer ganz genau wissen, wo es langgeht? Der Test im folgenden Abschnitt gibt Anhaltspunkte. Achtung: Dabei handelt es sich nicht um ein wissenschaftlich validiertes (d.h. an großen Gruppen erprobtes und statistisch normiertes) Verfahren, sondern um eine augenzwinkernde Anregung zur Selbstreflexion.

Sie bewerten andere? Davon hat niemand etwas!

Der Blick in den Spiegel

Test »Was für ein Wertungstyp sind Sie?« und Selbstbeobachtung

Lassen Sie sich auf ein kleines Spiel ein? Dann kreuzen Sie bitte Ihre wahrscheinlichste Reaktion in den folgenden Situationen an. Wenn die Situation für Sie zu unpassend ist (weil Sie z. B. keine Kinder haben), dann stellen Sie sich vor, welche Ihre wohl wahrscheinlichste Reaktion wäre, wenn Sie in der Situation wären. Wie würden Sie vermutlich reagieren?

1) Eine gute Freundin überrascht Sie nach mehreren Jobwechseln mit einem neuen Plan: Sie will ein Café eröffnen und muss dafür einen Kredit von 30 000 Euro aufnehmen.

   a) Sie halten das für eine Schnapsidee und sagen Ihrer Freundin das auch deutlich: Sie rennt in ihr Unglück! ☐

   b) Sie beglückwünschen Ihre Freundin und fragen, wie Sie helfen können. Sie haben da schon ganz viele eigene Ideen! ☒

   c) Sie halten das für falsch, wollen sich aber nicht einmischen. Wenn Sie gefragt werden, weichen Sie aus (»Musst du selbst wissen …«). ☐

   d) Sie denken, dass es dieses Mal klappen könnte, halten sich aber mit Äußerungen zurück. ☐

2) Ihr Chef verkündet in der Teamsitzung, dass es zukünftig keine festen Arbeitsplätze mehr geben wird, sondern modernes Desk Sharing: Jeder sucht sich morgens seinen Platz.

   a) Sie finden das furchtbar und zählen auch gleich diverse Gegenargumente auf. ☐

   b) Endlich kommt mal ein bisschen Bewegung in den Laden! Sie haben auch gleich ein paar Vorschläge für die Umsetzung. ☐

   c) Ihnen graut schon jetzt davor, aber Sie halten lieber den Mund, weil Protest vermutlich nichts bringen wird. ☒

   d) Sie sind ohnehin selten da und finden das Konzept sinnvoll, lehnen sich aber nicht aus dem Fenster. ☐

3) Eine junge Kollegin in Ihrer Abteilung trägt auf der Betriebsfeier ein offenherziges Kleid, das alle Blicke auf sich zieht.

a) Sie sprechen die Kollegin am nächsten Tag darauf an: So wird Sie im Betrieb niemals ernst genommen! ❒

b) Sie finden, die Kollegin kann das absolut tragen, und machen ihr ein Kompliment zu ihrer tollen Figur! ❒

c) Sie sind entsetzt, sagen aber nichts dazu. Das Mädel wird schon sehen, was es davon hat. ❒

d) Sie bewundern so viel Mut, gehen aber nicht weiter darauf ein. ☒

4) Ihr Partner spielt jeden Samstag mit seinen Freunden Fußball. Dafür geht jedes Mal der halbe Tag drauf. Oder: Ihre Partnerin trifft sich jeden Samstag mit ihrer besten Freundin zum Frühstücken und ausgiebigen Bummeln in der Stadt. Auch hier ist jede Woche der halbe Samstag weg.

a) Sie kritisieren das immer wieder, weil Sie finden, das Wochenende gehört der Partnerschaft. ❒

b) Sie finden es gut, dass Ihr/-e Partner/-in eigene Interessen und Kontakte hat, und wünschen ihm/ihr viel Spaß. ☒

c) Es stört Sie zwar, aber Sie sagen nichts dazu. Allerdings sind Sie öfter schlecht gelaunt deswegen. ❒

d) Sie akzeptieren das, es ist weiter kein Thema zwischen Ihnen. ❒

5) Eine gute Bekannte hat mit Ende dreißig das lang ersehnte Wunschkind bekommen. Nach Ablauf der Elternzeit kündigt sie ihren gut bezahlten Job, um mindestens bis zur Einschulung ganz für das Kind da zu sein.

   a) Sie finden das völlig unmöglich und fragen Ihre Bekannte, ob das ihr Ernst sei und ob sie schon einmal an ihre Unabhängigkeit und auch an ihre Rente gedacht habe. ☐

   b) Sie beglückwünschen Ihre Bekannte zu ihrer klaren Haltung. Hauptsache, sie ist glücklich! ☒

   c) Sie wundern sich über diese Entscheidung, halten sich aber mit einem Kommentar zurück. ☐

   d) Sie finden das nachvollziehbar, drängen aber Ihre Meinung nicht auf. ☐

6) Ihr Sohn (18 Jahre) erklärt Ihnen am Frühstückstisch, seit der Hauptrolle in der Theater-AG sei ihm klar: Er wird Schauspieler!

   a) Sie fragen, ob er weiß, wie viele arbeitslose Schauspieler es gibt, und weisen darauf hin, dass er nicht auf Ihre finanzielle Unterstützung hoffen soll. ☐

   b) Sie finden es toll, dass Ihr Sohn einen eigenen Kopf hat! Sie interessieren sich dafür, wie er das angehen will, und ermuntern ihn dazu, sich auszuprobieren. ☐

   c) Sie nehmen die Information neutral zur Kenntnis und hoffen, dass Ihr Kind sich noch eines Besseren besinnt. ☐

   d) Sie nicken, weil Sie sich das grundsätzlich vorstellen können: Ihr Sohn war in der Rolle wirklich gut. Sie wollen Ihrem Kind da aber lieber nicht reinreden. ☒

7) Ihre Nachbarn erzählen Ihnen auf einer Gartenparty, dass sie planen, ihren Ruhestand im sonnigen Süden zu verbringen, und sich gerade nach einer Wohnung auf den Kanaren umsehen.

a) Sie sind überrascht und weisen deutlich auf die Risiken hin: unseriöse Immobilienmakler, kein soziales Netz, man kann die Sprache nicht, was wird im Pflegefall? ☐

b) Sie bewundern die Flexibilität Ihrer Nachbarn und erzählen begeistert von Ihren Urlauben auf den Kanaren. Wissen sie schon, wohin es gehen soll? Sie geben gerne Tipps! ☒

c) Sie befürchten, dass das schiefgeht, wollen sich aber nicht einmischen. ☐

d) Sie finden das eine interessante Idee, sagen aber nichts dazu und überlassen das Feld den lautstarken Kritikern. ☐

Auswertung:

Zählen Sie nun zusammen, wie oft Sie a), b), c) oder d) angekreuzt haben:

a) – b) 4 c) 1 d) 2

Beim Lesen der Antwortmöglichkeiten haben Sie vielleicht schon bemerkt, dass hier vier Wertungstypen angenommen werden, je nachdem, ob jemand ablehnend oder zustimmend reagiert und ob er seine Meinung laut äußert (aktiv ablehnt oder zustimmt) oder sich eher zurückhält (passiv ablehnt oder zustimmt). Abbildung 1 auf der folgenden Seite fasst das zusammen.

	Ablehnend	Zustimmend
Aktiv	a) LAUTE/-R KRITIKER/-IN	b) SUPPORTER/-IN
Passiv	c) STILLE/-R KRITIKER/-IN	d) AKZEPTIERER/-IN

Abb. 1: Wertungstypen

a) Aktiv ablehnend: laute/-r Kritiker/-in

Sie halten mit Ihrer Meinung nicht hinter dem Berg und äußern sich gern unmissverständlich. Ihr Gegenüber weiß gleich, woran es bei Ihnen ist. Dabei riskieren Sie allerdings, den anderen zu verletzen oder die Beziehung zu beschädigen – bis zum Kontaktabbruch.

Mögliches Handlungsfeld: Mehr Toleranz für andere Sichtweisen und Lebensmodelle entwickeln, zurückhaltender werten und gelegentlich lieber erst mal nach dem Warum fragen und neugierig auf andere Lebensmodelle sein.

b) Aktiv zustimmend: Supporter/-in

Sie sind eine echte Unterstützung und geben lieber Tipps, als zu kritisieren. Auf Sie kann man zählen, ohne kritische Worte befürchten zu müssen.

Mögliches Handlungsfeld: Etwas mehr Zurückhaltung üben. Nicht jeder möchte gleich Hilfe und gut gemeinte Ratschläge. Und manchmal kann auch vorsichtige und konstruktive Kritik ein wahrer Freundschaftsdienst sein.

c) Passiv ablehnend: stille/-r Kritiker/-in

Sie ziehen sich eher zurück, als einen offenen Konflikt zu riskieren. Doch Ihre Mimik und Gestik sprechen häufig eine eindeutige Sprache: Ihr Umfeld spürt dann, dass Sie nicht begeistert sind, kann Ihre Reaktion aber schwer einordnen.

Mögliches Handlungsfeld: Wenn Sie in wichtigen Fällen formulieren, was Sie fühlen und wo Ihre Bedenken liegen, können Sie als Sparringspartner/-in wertvoll für Ihr Gegenüber sein.

d) Passiv zustimmend: Akzeptierer/-in

Sie wollen sich nicht einmischen, selbst wenn Sie gut finden, was ein anderer tut oder plant. Ihr Gegenüber weiß daher nicht so recht, woran es bei Ihnen ist, und wünscht sich gelegentlich eine eindeutige Reaktion von Ihnen.

Mögliches Handlungsfeld: Trauen Sie sich ruhig etwas mehr aus der Deckung. Sie können ja vorher fragen, ob Ihre Meinung erwünscht ist.

Vielleicht haben Sie auch mal a), mal b) oder auch c) und d) angekreuzt und ordnen sich daher nicht eindeutig einem dieser (zugegeben sehr plakativen) »Typen« zu. Unsere Wertungen haben eben genauso viel mit uns selbst wie mit dem jeweiligen Gegenüber zu tun. Auch wenn wir glauben, wir reagieren »objektiv« und »vernünftig« auf eine Situation, wurzeln unsere Urteile immer stark in eigenen Überzeugungen und Erfahrungen. Unabhängig davon gibt es Menschen, die eher meinungsstark und schnell im Urteil sind, solche, die sich eher zurückhalten, solche, die vor allem auf negative Punkte hinweisen, und solche, die spontan eher wohlwollend reagieren. Wie ist das bei Ihnen? Nehmen Sie das Ergebnis meines spielerischen Tests nicht als festgemeißeltes Urteil, sondern als Anregung, sich selbst und andere im Alltag einmal genauer zu beobachten. Wie sehr neigen Sie und andere zu Urteilen? Wie stark folgen Sie (bzw. die anderen) dabei spontanen Impulsen und eigenen Überzeugungen, ohne sich in die Situation des Gegenübers zu versetzen? Dabei unterstützt Sie das WEWAW-Modell (s. übernächste Seite), mit dem ich auch in Unternehmen arbeite, die zum Beispiel verschiedene Mitarbeitergenerationen oder Persönlichkeiten im Team erfolgreich zusammenführen wollen.

Unser Urteil sagt viel über uns aus.

Wenn Sie die WEWAW-Schritte am Modell durchgehen, schauen Sie sich Ihre Wertungen praktisch in Zeitlupe an. Dabei wird Ihnen wahrscheinlich bewusst, dass es keineswegs so ist, dass wir rational (mit dem Verstand) auf unsere Umgebung reagieren. In der Regel flammt zuerst spontan und blitzschnell eine

Emotion in uns auf (etwa Ärger, Überraschung, Angst oder auch Freude, Neugier). Erst dann bewerten wir unsere Wahrnehmung und handeln. Die Bewertung (Idiot! Zicke! Feigling! Wow, das ist ein Toller!) erfolgt direkt nach der Emotion, dazwischen liegen oft kaum Sekunden. Auch an die Auswirkungen Ihrer Reaktion und Ihres Handelns werden Sie im Alltag umso öfter denken, je häufiger Sie diese kleine Übung machen.

Sie können nur einen Menschen ändern: sich selbst!

Im ersten Schritt geht es in diesem Modell darum, die eigenen Mechanismen zu verstehen. Wenn Sie sich öfter hinterfragen und sich selber besser verstehen, gelingt Ihnen im nächsten Schritt möglicherweise eine neue Bewertung (was gar nicht so einfach ist) oder zumindest ein anderes Verhalten: Sie reagieren anders, etwas überlegter und vorsichtiger, oder sparen sich den einen oder anderen Kommentar ganz. Denn die einzige Person, die Sie wirklich zuverlässig ändern können, sind – Sie selbst! Warum hier der echte Hebel für Veränderungen in Ihrem Leben liegt, werden wir uns später noch genauer anschauen (vgl. Kapitel 2 »Mehr Durchblick für Gelassenheit«).

WEWAW-Modell: Wie werte ich im Alltag?

Notieren Sie hier die Situation, in der Sie sich selbst als wertend wahrgenommen haben. (Seien Sie ehrlich zu sich selbst: Notieren Sie auch Wörter, die Sie eigentlich niemals sagen oder gar aufschreiben würden. Das ist Ihr Übungsfeld, hier werden Sie nicht bewertet!)

W	**Wahrnehmung** Was nehme ich wahr? Was fällt mir besonders auf? (Z. B. unpassende Kleidung des Partners beim Geburtstagsfest einer Bekannten.)	__________ __________ __________ __________ __________
E	**Emotion** Welche Emotion löst das bei mir aus? (Z. B. genervt sein.)	__________ __________ __________ __________ __________
W	**(Be-)Wertung** Wie bewerte ich (aufgrund dieser Emotion) das Wahrgenommene bzw. die Person? (Z. B.: »Idiot! Wie oft habe ich das schon angesprochen!?«)	__________ __________ __________ __________ __________
A	**Aktion** Wie verhalte ich mich? Was sage ich (falls ich etwas sage)? Auch Nichthandeln ist eine Aktion! (Z. B. Augenrollen, ich strafe ihn, indem ich ihn beim Fest meide ...)	__________ __________ __________ __________ __________

W	(Aus-)Wirkung Welche Auswirkung hat mein Handeln auf den anderen und auf unser Miteinander? (Z. B.: Er denkt: »Oh Mist, ich hab schon wieder was falsch gemacht und weiß nicht was.« Oder andere sprechen über uns: »Was ist bei denen denn los?«) Welche Auswirkung hat mein Handeln auf mich? (Z. B. weniger Freude bei dem Fest.)	

Bedeutet der kritische Blick auf unsere Neigung, zu bewerten, dass man einfach alles akzeptieren soll? Diese Frage wird mir manchmal gestellt. Die Antwort ist: Eindeutig nein! Etwas zurückhaltender, selbstkritischer und toleranter zu sein beim Formulieren von (Be-)Wertungen ist nicht gleichbedeutend mit einem Freifahrtschein für jede, jeden und alles. Da, wo die eigenen Werte massiv verletzt oder bestimmte Grenzen überschritten werden, sollten wir handeln. Das gilt nicht nur für juristische Grenzen (wie etwa bei Beleidigungen, Hetze, Verleumdungen oder Ähnlichem), sondern auch für persönliche Grenzen, die sich aus unseren Kernwerten ergeben. Wer für Toleranz und Weltoffenheit steht, wird hoffentlich die Stimme erheben, wenn am Kaffeetisch oder im Sportverein gegen Ausländer gehetzt wird. Auch da, wo die eigene seelische oder körperliche Unversehrtheit bedroht ist, muss man handeln. Wem als Kind Kälte oder gar Gewalt entgegengebracht wurde, der hat jedes Recht dazu, den Kontakt zu seinen Eltern abzubrechen. Behandeln Sie sich selbst genauso liebevoll, wie Sie eine enge Freundin oder einen engen Freund behandeln würden. In der Praxis belasten wir uns und unsere Beziehungen jedoch häufig mit Werturteilen zu Fragen, bei denen man durchaus unterschiedlicher Meinung sein kann – wie die Frage nach der »richtigen« Art und Weise, eine Hochzeit zu feiern. Wenn es dann geknallt hat, reiben wir uns mit etwas Abstand die Augen und fragen uns: War es das wirklich wert?

»Ich weiß, was gut für dich ist!«

Von Hobbypsychologen, Besserwissern und den Tücken guter Ratschläge

Wie oft haben Sie in den letzten Jahren eigentlich etwas gemacht, nur weil Ihnen ein anderer dazu geraten hat? Damit meine ich jetzt nicht Ihren Hausarzt, der Ihnen rät, die Tabletten morgens nach dem Frühstück einzunehmen, oder den Automechaniker, der neue Winterreifen empfiehlt. Diese Ratschläge machen oftmals Sinn. Sondern ich meine beispielsweise die eigene Mutter, die dazu rät, doch etwas strenger mit den Kindern zu sein: Die würden Ihnen doch auf der Nase herumtanzen! Oder den Freund, der sagt, es wäre Zeit, etwas gegen Ihren Waschbärbauch zu tun, und Sie drängt, ihn ins Fitnessstudio zu begleiten. Kurz: Ich meine Ratschläge, die tatsächlich unbequeme (und für Sie vielleicht gar nicht passende?) Verhaltensänderungen nach sich ziehen würden. Vielleicht haben Sie spontan gedacht: »In meine Erziehung lasse ich mir nicht reinreden, von meiner Mutter schon gar nicht!«, oder: »Fitnessstudios habe ich schon immer gehasst, wie kommt der nur auf die Idee!« Willkommen im Klub: Gerade die Personen, die am eifrigsten Ratschläge verteilen, werden plötzlich störrisch, wenn sie nun selbst welche annehmen sollen.

Die meisten guten Ratschläge sind von vornherein zum Scheitern verurteilt, weil Menschen sich – stark vereinfacht gesagt – nur dann ändern, wenn die in Aussicht stehende Belohnung größer ist als die erforderliche Anstrengung. Wichtig dabei: Wie verführerisch eine Belohnung (bzw. ein Zielzustand oder Zielverhalten) ist, entscheidet die Adressatin oder der Adressat eines guten Ratschlags, nicht etwa die Rat gebende Person! Vielleicht mögen Sie Ihre Kinder so lebhaft, wie sie sind, und Sie legen gar keinen Wert auf einen Waschbrettbauch. Da ist sie wieder: Die persönliche Brille, durch die jeder von uns die Welt sieht. Die meisten Ratgeber/-innen blicken mit ihrer Brille auf das Leben des anderen, was in Formulierungen wie »Also, *ich* an deiner Stelle würde ja xy machen!« oder »Wenn *ich* du wäre, würde ich …« ziemlich deutlich durchschimmert. Ich bin aber nicht du. Auch Sätze wie »Warum machst du nicht einfach …?« leiden unter diesem Fehlschluss, denn was für Person A »einfach« ist, muss es für Person B noch lange nicht sein. Sonst hätte B es vielleicht ja schon probiert. Je unterschiedlicher die Lebensmodelle und Werte sind, desto krasser unterscheiden sich die Dioptrien unserer Wertungsbrillen. So kommt es dann zu unfreiwillig komischen Ratschlägen, nach denen der Punkrocker

Warum gute Ratschläge meist scheitern.

die E-Gitarre in die Ecke stellen, sich die Haare kämmen und bei Onkel Werner als Azubi anheuern soll.

Wenn der Änderungswunsch an eine andere Person gleich mit einem guten Ratschlag kombiniert wird (also einer Empfehlung, wie die oder der andere die Änderung hinkriegen kann), macht man oft alles nur noch schlimmer. Gründe für das Scheitern guter Ratschläge gibt es viele:

- Die oder der andere möchte vielleicht gar keinen Rat. Auch wenn sie/er das Thema selbst angesprochen hat, will sie/er vielleicht gar keinen Lösungsvorschlag, sondern sich nur etwas »von der Seele reden«. Mein Eindruck ist, dass viele Wortgefechte zwischen Frauen und Männern auf diesem Missverständnis beruhen. Frauen wollen reden, Männer präsentieren zackig Lösungen. Dann ist Frau enttäuscht, weil Mann nicht geduldig zuhört, und Mann findet die Reaktion zickig. Ein Klischee, sicher, aber oftmals beobachtet.
- Mit einem Ratschlag manövriert man sich in eine überlegene Position (ich sage dir, was du tun sollst). Insbesondere bei ungebetenen Ratschlägen weckt dies häufig Abwehr oder sogar Aggressionen. Der Inhalt dringt dann gar nicht mehr durch.
- Die oder der andere ist gerade emotional so aufgewühlt, dass sie/er keinen klaren Gedanken fassen kann und den Ratschlag gar nicht richtig versteht bzw. nicht in der Verfassung ist, ihn aufzunehmen.
- Der Ratschlag geht an der Lebenswirklichkeit und an den Werten des Gegenübers vorbei. Sie oder er fühlt sich unverstan-

den und reagiert enttäuscht (»Wie kann der/die mir so etwas raten? Das passt doch gar nicht zu mir!«).

- Der Ratschlag wird überlagert von einer (momentan oder dauerhaft) problematischen Beziehung: Von meinem unfreundlichen Chef lasse ich mir gar nichts sagen; meine Mutter hat schon immer versucht, sich in alles einzumischen; im Moment bin ich nicht gut auf meinen Kollegen zu sprechen usw.
- Der Ratschlag streut Salz in eine offene Wunde: »Genau das habe ich schon vergeblich versucht! Das funktioniert bei mir nicht.« (Oder aggressiver: »Meinst du nicht, da wäre ich auch schon selbst draufgekommen?!«)

Es ist also heikel, jemanden mit Ratschlägen zu beglücken. Ratschläge sind eben auch Schläge, wie ein Sprichwort warnt. Das gilt zumindest häufig und trägt dazu bei, dass mehr oder weniger »gut gemeinte« Ratschläge verpuffen. Was Sie dagegen tun können? Erteilen Sie Ratschläge nur dann, wenn Sie darum gebeten werden. Wenn Sie unsicher sind, ob der andere jetzt gerade einen Rat möchte, fragen Sie ihn: »Willst du meine Meinung dazu hören?« Und seien Sie nicht beleidigt, wenn die Antwort »Nein« lautet.

Warum wir wissentlich das Falsche tun.

Und dann gibt es ja noch die Fälle, wo jemand Ihren Rat sucht oder Ihnen zumindest für hilfreiche Hinweise dankt und dann zur Tür herausspaziert und genau das Gegenteil tut, so weitermacht wie bisher oder das macht, wovor Sie gewarnt haben. In der Beziehungskomödie »Harry & Sally« gibt es dazu eine passende Situation.

Sallys beste Freundin Marie hat seit Jahren ein Verhältnis mit einem verheirateten Mann, der immer dann bei seiner Familie ist, wenn sie sich eigentlich nach Zweisamkeit sehnt: an Weihnachten, an Feiertagen, in den Ferien. Marie ist jedes Mal kreuzunglücklich und weint sich dann bei Sally aus. Nach dem letzten Schluchzer sagt Sally jedes Mal: »Marie, du musst dich von ihm trennen! Er wird seine Frau nie verlassen.« Worauf Marie jedes Mal antwortet: »Du hast recht! Ich weiß, dass du recht hast!« Scheinbar ist der Trennungsvorsatz gefasst. Doch wenige Wochen später klagt sie Sally erneut ihr Leid. Erst eine neue Liebe ändert die Situation.

Was haben Sie gerade gedacht, als Sie diese Geschichte lasen? Hatten Sie Verständnis oder haben Sie die Wertungskeule hervorgeholt und Marie Inkonsequenz, Feigheit oder Schwäche unterstellt? Der Neurobiologe und Philosoph Gerhard Roth hat eine bessere Erklärung dafür, warum wir einem Rat mitunter selbst dann nicht folgen, wenn wir ihn als richtig erkennen und eigentlich umsetzen wollen. Unser Verhalten wird eben nicht nur von rationaler Einsicht geprägt, sondern von genetischen Dispositionen, frühkindlichen Prägungen, unserer Sozialisation, das heißt vor allem jenen Erfahrungen, die wir bis zum frühen Erwachsenenalter machen. Diese Eindrücke graben sich tief in die emotionalen und zum Teil unbewussten Bereiche unseres Gehirns ein, in das limbische und mesolimbische System. Sie machen unser »unbewusstes Selbst« aus, das von »emotionalen Konditionierungen« bestimmt wird, von tief verwurzelten Prägungen, die unser Denken und Verhalten steuern, ohne dass sie rationaler Überlegung zugänglich sind.[2] So kommt es, dass wir uns manchmal selbst nicht verstehen und wider besseres Wissen Dinge tun, von denen wir eigentlich wissen, dass wir sie später bereuen werden. Wir können nicht anders, ohne sagen zu können, warum. Das mag einerseits ein frustrierender Gedanke sein. Andererseits kann man es als Anregung sehen, etwas geduldiger und nachsichtiger zu sein: mit sich selbst und mit anderen!

»Wenn nur alle so wären, wie ich das will ...«

Wie die Welt aussähe, wenn unser Traum wirklich in Erfüllung ginge

Spötter sagen, es gibt nur eins, was noch schlimmer ist als unerfüllte Träume: die Erfüllung eines Wunschtraums. Wie sähe die Welt tatsächlich aus, wenn die anderen sich uns zuliebe ändern würden?

Harmonische Partnerschaft, rücksichtsvolle Schwiegermutter ...

Stellen Sie sich vor, Sie stehen am Morgen auf und Ihr Partner verhält sich jeden Tag zuverlässig exakt so, wie Sie sich das wünschen: Er oder sie nimmt sich mehr Zeit oder beeilt sich, ganz nach Ihrem Gusto, ist redselig oder schweigt, wenn Sie das lieber haben. Achtlos aufgehängte Handtücher, Socken unterm Bett oder die nicht zugeschraubte Zahnpastatube gehören längst der Vergangenheit an. Sie brauchen nur einen kleinen Hinweis zu geben und schon hat sich ein Problem dauerhaft erledigt. Kulturmuffel entdecken ihre Vorliebe für argentinische Autorenfilme und moderne Malerei, Fußballhasser regen sich nicht mehr über die Bundesligakonferenz im Radio auf, Couch-Potatoes gehen klaglos mit Ihnen joggen. Seit Sie Ihrer Mutter mitgeteilt haben, dass sie sich bitte nicht in Ihre Kindererziehung einmischen soll, ist dieses Thema erledigt und Sie ernten nicht einmal mehr kritische Blicke oder hochgezogene Augenbrauen, nein: Sie erleben selige Harmonie auf jeder Familienfeier! Sollten Sie keine Kinder haben, auch gut: Das ist ebenfalls kein Thema mehr. Ihr Umfeld verschont Sie mit bohrenden Nachfragen, Hinweisen auf die tickende biologische Uhr und fragenden Blicken auf Ihren Bauch.

Auch auf dem Weg zur Arbeit gibt es keinerlei Anlass zur Aufregung: Endlich sind Sie nicht mehr der Einzige, der vernünftig Auto fährt! Keine Mittelstreifenbummler, keine Sonntagsfahrer oder Drängler, sondern überall zügige und rücksichtsvolle Autolenker. Ihre Führungskraft redet Ihnen endlich nicht mehr in die Arbeit rein, sondern lässt Sie in Ruhe machen. Es gibt regelmäßig Anerkennung statt kleinlicher Kritik. Der Kollege, mit dem Sie das Büro teilen, telefoniert leiser, seitdem Sie ihn darum gebeten haben. Er isst keine überreifen Bananen oder müffelnden Döner mehr im Büro und hält jede Absprache ein. Die Azubine daddelt nicht mehr auf ihrem Smartphone herum und hängt gespannt an Ihren Lippen, wenn Sie ihr etwas erklären. Der Vertrieb schickt nur noch sorgfältig ausgefüllte Aufträge mit allen erforderlichen Daten, sodass Sie nicht mehr herumtelefonieren und nachfragen müssen. Wenn Sie im Kundenkontakt oder als Handwerker/-in tätig sind, haben Sie es tagein, tagaus ausschließlich mit geduldigen, freundlichen Leuten zu tun, die sich herzlich für Ihre Hilfe be-

Hilfsbereite Kolleginnen und Kollegen, nette Vorgesetzte ...

danken. Auch im Freundeskreis herrscht eitel Sonnenschein. Ob man sich nun besser vegan, vegetarisch, lowcarb oder paleo ernährt, ist kein Thema mehr, weil jede und jeder den anderen einfach in Ruhe essen lässt, was sie oder er möchte. Die egozentrische Freundin hört Ihnen plötzlich aufmerksam zu, der Aufschneider im Bekanntenkreis gesteht seine Schwachstellen ein. Ach ja, und die Nachbarn beschweren sich natürlich auch nicht mehr über laute Musik und finden Ihren leicht verwilderten Garten plötzlich cool.

Eine perfekte Welt? Der perfekte Albtraum!

Wäre das nicht gruselig? Und schrecklich langweilig dazu? Treibt man es so auf die Spitze, wird einem plötzlich bewusst, dass unsere Welt erst durch Unterschiede bunt und interessant wird. Gut, mir gefallen auch nicht alle Unterschiede, Ansichten und Verhaltensweisen anderer. Sie können nervig sein, anstrengend, irritierend, manchmal sogar ausgesprochen ärgerlich. Doch auf der anderen Seite bleibt das Leben auf diese Weise spannend. Gleichzeitig eröffnen uns Reibungsflächen die Chance, etwas dazuzulernen, uns selbst zu hinterfragen und uns weiterzuentwickeln. Manchmal wird einem ja erst nach Monaten oder gar Jahren bewusst, wozu etwas gut war, über das man sich früher schrecklich aufgeregt hat. Und der Rest, der einfach nur nervig bleibt: Der lässt sich mit etwas mehr Gelassenheit, Offenheit und Neugierde auf das Leben ganz gut bewältigen! Wie Ihnen und uns das leichter als bisher gelingt, ob im Job oder privat, ob mit Freunden oder in der Familie: Darum geht es in Kapitel 2 bis 4 des Buches.

Wir sehen die Welt nicht so, wie sie ist,
wir sehen sie so, wie wir sind.
Talmud

2 MEHR DURCHBLICK FÜR GELASSENHEIT

Seit einigen Jahren gebe ich Seminare und Coachings für Unternehmen und halte Vorträge. Meine Teilnehmerinnen und Teilnehmer sind Führungskräfte, Mitarbeitende und Young Professionals. Wir, das HRperformance Institut, haben das große Glück, eine sehr stabile und gute Auftragslage zu haben. Aber seitdem ich mich mit dem Thema »Generationenvielfalt« beschäftige, bekomme ich noch viel mehr Anfragen und Aufträge als sonst schon. Es knirscht in vielen Unternehmen, unter anderem aufgrund des fehlenden Verständnisses für unterschiedliche Generationen, und nicht selten knallt es auch. »Uns hat schon wieder ein Trainee gekündigt, nachdem wir anderthalb Jahre in ihn investiert haben, um ihm alles beizubringen!«, heißt es schon im Vorgespräch. Oder: »WhatsApp, Instagram und Facebook haben auf dem Diensthandy nichts zu suchen, finden wir. Neulich hat ein Abteilungsleiter eine junge Mitarbeiterin deswegen abgemahnt. Seitdem ist die Abteilung in zwei Lager gespalten. Was sollen wir tun? Die Jungen müssen das doch einsehen!« Mir kommt spontan eine ältere Nachbarin in den Sinn, die mir regelmäßig ihr Leid klagt. Sie ist ebenfalls der Meinung, dass der »Junge« (ihr erwachsener Sohn) etwas »einsehen muss«: Statt sein Geld für Weltreisen und eine teure Kameraausrüstung zu verpulvern, solle er lieber etwas für seine Altersvorsorge tun!

Um in Unternehmen der spontanen Empörung ein wenig die Spitze zu nehmen, frage ich erboste Führungskräfte manchmal, ob sie schon mal im Zoo gewesen sind. »Natürlich!«, heißt es dann leicht irritiert. Haben Sie dort Lieblingstiere? Auch da ist sind die Antworten vorhersehbar, denn wie jedes Kind können sich auch Erwachsene für bestimmte Tiere begeistern. Affen haben viele Anhänger, weil sie so toll klettern können. Pinguine, weil sie im Wasser so elegant und blitzschnell sind. Aber ich habe noch niemanden getroffen, der den Affen vorwirft, dass sie schlechte Schwimmer sind, oder Pinguinen, dass sie nicht klettern können. Warum handeln wir im Alltag anders und kritisieren unser menschliches Gegenüber für Verhaltensweisen, die für ihn oder sie ganz »natürlich«, weil Teil der eigenen Persönlichkeit sind?

Unternehmen Sie eine Reise in die Welt der Persönlichkeit

Wer sich selbst versteht, kann andere besser verstehen. Ich möchte Sie daher mitnehmen auf eine Reise ins eigene Ich. Diese Reise folgt der Entstehung und Entwicklung Ihrer Persönlichkeit. Bevor wir uns auf den Weg machen, brauchen wir natürlich eine Landkarte. Eine sehr gute Karte für ein besseres Verständnis persönlicher Eigenschaften und Verhaltensweisen stammt von dem US-Psychologen Dan McAdams. Er beschäftigt sich mit der Frage, welche Einflüsse die Persönlichkeit eines Menschen formen. Was ist dafür verantwortlich, dass wir so urteilen, fühlen, handeln, wie wir es tun? McAdams hat zusammen mit einem Forscherteam das Modell der »New Big Five« entwickelt, mit drei zentralen Säulen und »Gene« und »Umwelt« als gegenüberliegenden Polen (vgl. Abbildung 2).

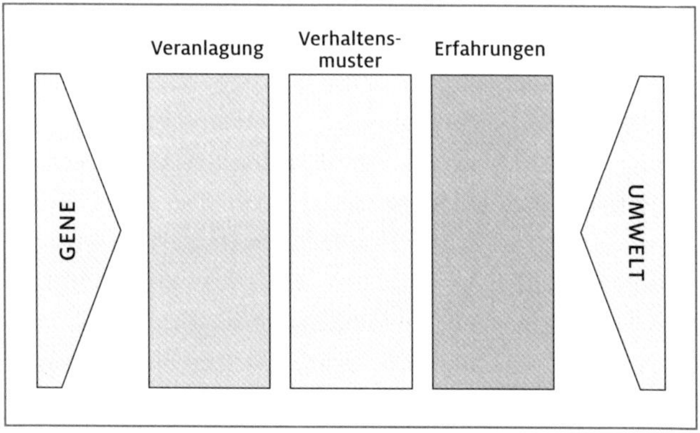

Abb. 2: Persönlichkeitsbildung
(frei nach dem Modell der »New Big Five« von Dan McAdams)

Um mit der linken Säule, ganz nah bei den Genen, zu beginnen: Wir alle kommen mit bestimmten genetischen Veranlagungen auf die Welt, die nicht nur unsere Körpergröße, Augen- oder Haarfarbe betreffen, sondern auch bestimmte Begabungen, Motive (wie z. B. das Streben nach Kontakt und/oder Distanz, nach körperlicher Bewegung und/oder Entspannung, nach Wagnis und/oder Vorsicht) und verschieden ausgeprägte Intelligenzen, zum Beispiel logisch-mathematisches Denken, räumliches Vorstellungsvermögen oder sprachliche Intelligenz. Wissenschaftler sprechen von genetischen »Dispositionen«, das heißt von Anlagen, die relativ stabil sind (sie verändern sich kaum im Laufe eines Lebens) und sich entfalten, wenn sie auf geeignete Umweltbedingungen treffen. Ob ein Kind mit logisch-mathematischer Intelligenz in einem Akademikerhaushalt oder unter prekären Verhältnissen aufwächst, hat leider immer noch einen Einfluss darauf, wie stark seine Begabung die Möglichkeit bekommt, sich zu entfalten, und ob es Mathematik-Professor/-in oder Einzelhandelskauffrau bzw. -mann wird. Die Umwelt, in der wir uns aufhalten, stellt uns unterschiedliche Entfaltungsbedingungen zur Verfügung, verändert jedoch in der Regel nicht die Veranlagung.

Erfolgreiche Verhaltensmuster verfestigen sich.

In der mittleren Säule treffen Umwelt und Gene aufeinander. Im Laufe unseres Aufwachsens lernen wir, wie wir uns in der Welt am besten zurechtfinden. Wir entwickeln Verhaltensmuster und festigen jene, mit denen wir bereits erfolgreich waren – was auch immer »erfolgreich« für den Einzelnen bedeutet. Meist geht es in der Kindheit bei »Erfolg« um das Erhalten bzw. die Maximierung von Liebe und Zugehörigkeit. Ein Kind lernt so beispielsweise, dass es geliebt wird, wenn es etwas leistet, oder dass Konflikte zu Hause durch Schweigen »gelöst« werden. Wir eignen uns Wertesysteme an, die unserem Verhalten als Orientierung dienen, und suchen uns Mitmenschen, mit denen wir eine Werteschnittmenge spüren. Wir lernen Routinen, die uns sicher, gut und energieeffizient durch den Alltag manövrieren. Dazu gehören auch Strategien, wie Ziele erreicht oder überhaupt gesteckt werden oder wie Kontakte angebahnt, aufrechterhalten und abgebrochen werden.

Zusätzlich prägen die tagtäglichen Erfahrungen unsere Persönlichkeit – das ist die rechte Säule, die ganz nah bei der Umwelt angesiedelt ist. Einen großen Einfluss haben dabei die sogenannten »prägenden Jahre«, die Zeit von der frühen Kindheit bis zu einem Alter von etwa 15 Jahren. In dieser Zeit wirken sich unsere Erziehung, unsere Erlebnisse und Geschehnisse im sozialen Umfeld sowie weltpolitische und gesellschaftliche Ereignisse stark auf unsere Persönlichkeit aus. Doch auch nach den prägenden Jahren hört unsere Persönlichkeit nicht auf, sich zu verändern und zu entwickeln, denn auch weitere Erfahrungen, die ein Mensch im Laufe seines Lebens sammelt, beeinflussen unsere Verhaltensmuster und damit unsere Persönlichkeit.

Vieles von dem, was wir an Erfahrungen in unserem bisherigen Leben gesammelt haben, trägt dazu bei, welche Verhaltensmuster wir heute ausleben, und auch, welche wir bereits abgelegt und verändert haben. Habe ich zum Beispiel als Kind eine verlässliche Zu-Bett-geh-Routine erlebt, mit der ich positive Emotionen verbinde, so kann es sein, dass ich meinen eigenen Kindern ein ähnliches Verhaltensmuster angewöhne. Oder auch genau andersherum: Wenn ich als Jugendliche sehr strenge Regeln erfahren habe und damit Negatives verbinde, dann kann es dazu führen, dass ich meinen heranwachsenden Kindern mehr Freiraum ermöglichen möchte. Dafür gibt es keine Regel »Wenn du *das* erlebt hast, dann übernimmst du *jenes«* oder ähnlich. Es geht darum, den Mechanismus zu verstehen, dass sowohl unsere Veranlagung als auch unsere Erfahrungen einen wesentlichen Beitrag dazu leisten, dass wir uns verhalten, wie wir uns verhalten, und dass wir Situationen und Menschen so bewerten, wie wir sie bewerten.

Persönlichkeit: das Resultat zahlreicher Einflüsse!

Bevor wir tiefer in dieses Modell einsteigen, möchte ich Sie bitten, sich mit zwei verschiedenen Personen zu beschäftigen, mit Max und Julia. Wie unterscheiden sich beide wohl allein aufgrund der unterschiedlichen Erfahrungen, die sie im Laufe ihres bisherigen Lebens gemacht haben?

Max, geboren 1958 in einem Dorf in Norddeutschland.
Zwei Geschwister. Max ist der Erstgeborene.
Welchen prägenden Einflüssen war Max in den Jahren, in denen er herangewachsen ist, ausgesetzt? Der Zweite Weltkrieg ist in seiner Familie noch sehr präsent. Bei den Großeltern mütterlicherseits steht ein Foto des gefallenen Onkels auf der Kommode, ein Unbekannter in Uniform. Flucht und Vertreibung sind bei den Eltern seines Vaters immer wieder Thema, in Halbsätzen, die sofort verstummen, wenn die Kinder aufmerksam werden. Max' Mutter ist Hausfrau, für das Geldverdienen ist der Mann zuständig. Eine Frau gehört ins Haus, zu ihren Kindern, daran besteht in Max' Kindheit kein Zweifel. Der Vater kehrt erst Anfang der Fünfzigerjahre aus der sowjetischen Kriegsgefangenschaft zurück. Danach zu fragen, ist tabu. Schnell geht es wirtschaftlich aufwärts. Aus der engen Wohnung bei den Großeltern

zieht man Anfang der Sechzigerjahre in eine größere Wohnung. Als Max zehn wird, kauft die Familie ein Haus im Grünen. »Leiste was, dann biste was!«, ist die Maxime. Max lernt früh, was Pflichtbewusstsein und Verantwortung heißt: Er kümmert sich um die kleinen Geschwister (1960 und 1965 geboren) und ist stolz darauf, was man ihm, dem »Großen« zutraut. Max ist ein begeisterter Leser und bleibt dies auch, nachdem die Familie 1966 einen Fernseher anschafft. Dort laufen ohnehin nur drei Schwarz-Weiß-Programme, für wenige Stunden am Abend. Sein Vater, Handwerksmeister, wird 2001 nach über 40 Jahren im selben Betrieb in den wohlverdienten Ruhestand verabschiedet. Dass Max unbedingt BWL studieren will, ist ihm gar nicht recht. Entsprechend karg fällt die elterliche Unterstützung aus. Geschafft hat Max es trotzdem. Heute ist er kaufmännischer Leiter in einem mittelständischen Unternehmen.

Julia, geboren 1990 in Köln, Einzelkind.
Julia ist ein lang ersehntes Wunschkind, dem es an nichts fehlen soll. Kinderturnen, Ballett, später Reitstunden. Bis Julia drei Jahre alt ist, bleibt ihre Mutter zu Hause, dann kehrt sie auf eine Halbtagsstelle in ihren alten Beruf im Vertriebsinnendienst eines Unternehmens für Medizintechnik zurück. Julia besucht einen Kindergarten, der viel Wert auf die musikalische Früherziehung legt. Die Schule fällt ihr leicht. Ihre Eltern loben sie für ihre guten Leistungen und vermitteln ihr, dass ihr die Welt offensteht: mit 16 ein High-School-Jahr in den USA, nach dem Einser-Abi als Au-pair nach Paris. Julia entscheidet sich für ein Sprachenstudium mit BWL im Nebenfach. Der einzige Bruch in ihrer Kindheit: 2002 erleidet ihr Vater einen Herzinfarkt, von dem er sich nur mühsam erholt. Danach soll er sich zwar mehr

schonen, doch nach einigen Monaten arbeitet er wieder fast so viel wie vorher. Auch Julias Mutter arbeitet inzwischen Vollzeit. Der Familie fehlt es materiell an nichts. Man fliegt zweimal im Jahr in den Urlaub. Zum Haushalt gehören zwei Fernseher, auf denen Dutzende Programme laufen, später kommen Tablet und Smartphone hinzu. Zu Studienbeginn kaufen die Eltern ein Einzimmerappartement in München, wo Julia studieren wird. Etwas anderes als ein Studium käme für die begabte Tochter auch gar nicht infrage. Eine Ausbildung? Unter Julias Niveau, erklären die Eltern früh. Julia zieht ihr Studium zielstrebig durch und absolviert Praktika im In- und Ausland. Bei der Stellensuche dagegen tut sie sich schwer. Es gibt sooo viele Möglichkeiten! Wie soll sie sich denn da entscheiden? Also beginnt sie mit dem Gedanken: »Ach, ich fang einfach mal das hier an, dann kann ich ja immer noch sehen, ob das zu mir passt …«

Niemand kann etwas dafür, wie sie/er aufgewachsen ist.

Stellen Sie sich einen Moment lang vor, die Wege von Max und Julia kreuzen sich in einem Hamburger Unternehmen. Julia tritt ihre erste Stelle als Marketingassistentin an, Max ist ihr Vorgesetzter. Sehr wahrscheinlich sehen beide die Welt mit sehr verschiedenen Augen. Julia hat durch ihren Vater zum Beispiel früh erfahren, dass starke Leistungsorientierung eine Schattenseite hat. Max dagegen ist felsenfest überzeugt, dass Leistung sich lohnt, immer! Dinge, die Max sich erst hart erarbeiten musste, waren für Julia einfach da. Und das sind nur zwei Erfahrungsunterschiede unter vielen. Wir lernen früh im Leben, was vermeintlich »richtig« und was »falsch« ist, was einem »zusteht« oder nicht, wie Konflikte ausgetragen werden, welchen Stellenwert Arbeit hat und welchen die Familie (und wie dort die Rollen verteilt sind), selbst, wie Feste gefeiert werden oder eben auch nicht. Und all das ist für uns erst einmal »normal«. Dass es zwischen Max und Julia manchmal Meinungsunterschiede gibt, dürfte uns eigentlich kaum wundern. Doch niemand kann etwas für die Zeit, die Region, die Familie, in der er oder sie aufgewachsen ist. Der entscheidende Punkt ist: Dem Anderssein der anderen kann man offen und neugierig begegnen – oder mit Misstrauen und Ablehnung. Im ersten Fall macht man sich das Leben leichter, hat vermutlich ein gut funktionierendes Sozialleben und führt gesunde Beziehungen. Im zweiten Fall verstellt die eigene wie in Stein gemeißelte Haltung den Blick und treibt uns womöglich sogar in permanente Konflikte.

Wie ist das eigentlich bei Ihnen? Worauf legen Sie Wert und was ist für Sie »normal«? Was sind die Haupteinflüsse, die Sie geprägt haben? Welche Menschen, welche Rahmenbedingungen waren dabei entscheidend? Im hektischen Alltag denken wir eher selten darüber nach, wer wir sind, was uns besonders wichtig ist und wer oder was uns zu dem Menschen gemacht hat, der wir heute sind. Doch genau darin liegt der Schlüssel, mit uns selbst – und mit anderen – etwas nachsichtiger, klüger und am Ende auch erfolgreicher umzugehen.

Motive: Unser emotionaler Antrieb

Um es gleich vorwegzunehmen: Wie viel von unserer Persönlichkeit tatsächlich genetisch bedingt und damit weitgehend festgelegt ist, darüber diskutieren Wissenschaftler bis heute. Es gibt Quellen, die von 50 Prozent genetischem und 50 Prozent kulturellem Einfluss ausgehen. Andere sprechen von 60 zu 40 Prozent, Einzelne sogar von 80 Prozent genetischer Veranlagung und nur 20 Prozent kultureller Prägung. Fest steht: Bis zu einem gewissen Grad können wir alle nicht aus unserer Haut – Sie nicht, ich nicht und Ihr nerviger Nachbar (Ihre Kollegin, Ihr Kunde, Ihr Großvater ...) auch nicht. Neurobiologen wie Gerhard Roth gehen davon aus, dass beispielsweise »Aktivitätsniveau«, »biologische Rhythmen«, »grundlegendes Annäherungs- oder Rückzugsverhalten gegenüber neuen Reizen« oder auch die »Grundstimmung (freundlich / unfreundlich, freudig / aggressiv)« sehr stark von unseren Genen beeinflusst werden.[3] Es bringt also wenig, wenn sich Frühaufsteher über Nachteulen aufregen und umgekehrt, und dasselbe gilt für »Happy Hektiker« auf der einen und etwas ruhigere Zeitgenossen auf der anderen Seite. Viel wichtiger ist es, sich Lebens- und Rahmenbedingungen zu schaffen, die zur eigenen Persönlichkeit passen. Wenn die Nachteule ausgerechnet Bäcker werden soll und ein sehr aktiver Mensch in einem Kellerarchiv Akten hütet, könnte es schwierig und für beide richtig anstrengend werden.

Etwas greifbarer wird die weitgehend stabile Seite unserer Persönlichkeit, wenn wir uns die Antriebskräfte unseres Verhaltens ansehen. Bekannte Neurowissenschaftler wie Professor Gerald Hüther oder Professor Manfred Spitzer unterstreichen dabei die Bedeutung der Emotionen zur Erklärung unseres Handelns oder Nichthandelns. Wären wir alle so »vernünftig«, wie wir gern glauben, würden wir weder Steuererklärungen und Zahnarztbesuche vor uns herschieben noch mit dem Rauchen oder Schokoladeessen anfangen. Doch während die ersten Beispiele in der Regel starke Unlust hervorrufen, versprechen die letzten beiden spontanen Lustgewinn, und wir handeln häufig entsprechend. Entscheidend dafür, ob ein Verhalten oder ein Gedanke sich für uns gut oder weniger gut anfühlt, sind dabei unsere persönlichen »Motive«. Sie beeinflussen unser Verhalten und auch unsere Bewertung der Verhaltensweisen anderer.

Emotionen motivieren zum Handeln.

Motive sind der emotionale Antrieb unseres Handelns: Wenn für uns bedeutsame Motive angesprochen werden, sind wir »motiviert«, entsprechend zu handeln. Wer zum Beispiel nach Dominanz strebt (also Freude am Wettbewerb und dem Gewinnen hat), wird dafür sorgen, sich regelmäßig in Wettbewerbssituationen zu begeben und diese zu gewinnen, beginnend im Kindergarten über Situationen auf dem Schulhof und später vielleicht im Verein oder im Unternehmen. Wenn jemandem dagegen der Ausgleich von Interessen emotional relevanter ist als der eigene Sieg, wird sie/er wahrscheinlich zurückhaltender und weniger energisch auftreten. Beide Motive (in diesem Fall »Dominanz« und »Balance«) werden im Alltag gebraucht – kein Motiv ist besser oder schlechter als ein anderes! Und doch kommt es vor, dass die einen die anderen zum Beispiel als »karrieregeil« und diese umgekehrt ihr Gegenüber als »Lusche« einstufen. Im Folgenden finden Sie eine kurze Selbsteinschätzung auf der Basis der MotivationsPotenzialAnalyse MPA®, die ich erfolgreich in Seminaren und Trainings einsetze.

Selbsteinschätzung: Ihre Motive®

motivationspotenzialanalyse

Was treibt mich an? Was motiviert mich?

Der unter wissenschaftlicher Begleitung entwickelte Ansatz der MotivationsPotenzialAnalyse MPA® ermöglicht die Messung und Auswertung von 26 unterschiedlichen Motiven. Wir bedienen uns im Folgenden dieser Motive in vereinfachter Form.

Hinweis für die Nutzung der Selbsteinschätzung

Ihre Motiv Selbsteinschätzung bietet Ihnen die Möglichkeit, sich einen ersten Eindruck Ihrer Motive zu verschaffen. Das bedeutet, herauszufinden, wie groß bzw. stark oder wie klein bzw. schwach ein Motiv ausgeprägt ist. Damit nähern Sie sich der Intensität eines Motivs, also der Handlungsenergie, die es zur Verfügung stellt.

In der Selbsteinschätzung lernen Sie alle Motive kennen, die auch mit der MotivationsPotenzialAnalyse MPA® gemessen werden.

Gehen Sie Motiv für Motiv durch, beobachten Sie, welche Situation das Motiv mit der Erläuterung in Ihnen hervorruft, und überprüfen Sie, wie stark die Freude ist, die Sie spüren, wenn Sie das Motiv »leben«.

Fühlt sich eine Situation, in der Sie dieses Motiv leben können, gut an? Dann zeichnen Sie einen langen Balken in den dafür vorgesehenen Platz (wie im nachfolgenden Beispiel bei »Mitentscheidung«).

Oder: Die Situation fühlt sich weniger gut an? Dann zeichnen Sie einen entsprechend kurzen Balken (wie im nachfolgenden Beispiel bei »Selbstentscheidung«).

Beispiel:

Mitentscheidung

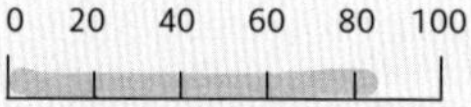

Freude an gemeinschaftlichen Entscheidungen

Selbstentscheidung

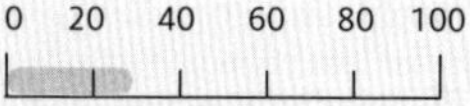

Freude an Selbstbestimmung

Ihre Aufgabe ist es, sich selber ganz allgemeine Situationen vorzustellen, die für Sie relevant sind. Es ist völlig in Ordnung, dass Sie dabei sowohl an berufliche als auch an private Situationen denken!

Ein letzter Hinweis noch, bevor es losgeht:

Kein Motiv ist besser oder schlechter als ein anderes! Es ist wichtig, dass Sie so ehrlich wie möglich und aus dem Bauch heraus (gerne sehr spontan) antworten. Nur dann haben Sie wirklich Kontakt zu Ihren Emotionen und laufen nicht Gefahr, »sozial erwünscht« zu antworten. Diese Selbsteinschätzung ist nur für Sie gedacht!

Ich wünsche Ihnen viel Freude mit der Selbsteinschätzung!

Selbsteinschätzung meiner Motive

Wie groß ist meine Freude an ...

Vorsicht	Wagnis
|—|—|—|—|—|	|—|—|—|—|—|
... Gewissheit von Folgen	... Nervenkitzel

Distanz	Kontakt
|—|—|—|—|—|	|—|—|—|—|—|
... emotionalem Abstand zu anderen	... emotionaler Nähe zu anderen

Natürlichkeit	Status
|—|—|—|—|—|	|—|—|—|—|—|
... bodenständigem Verhalten	... öffentlicher Achtung der eigenen Person

Mitentscheidung	Selbstentscheidung
|—|—|—|—|—|	|—|—|—|—|—|
... gemeinschaftlichen Entscheidungen	... Selbstbestimmung

Auslegung	Prinzip
|—|—|—|—|—|	|—|—|—|—|—|
... zweckorientierter Interpretation von Regeln und Normen	... Orientierung an vorhandenen Regeln und Normen

Erkenntnis	Pragmatik
|—|—|—|—|—|	|—|—|—|—|—|
... Verstehen von Zusammenhängen und Hintergründen	... direktem Handeln

Aktivität	Ruhe
... körperlicher Bewegung	... körperlicher Entspannung
Abwechslung	Routine
... neuen Erfahrungen	... gewohntem Verhalten
Flexibilität	Ordnung
... flexiblem Vorgehen	... geordnetem Vorgehen
Selbstlosigkeit	Selbstorientierung
... für andere da zu sein	... eigenen Vorteilen
Durchführung	Einfluss
... der Umsetzung von Vorgaben	... Verantwortung und Gestaltung
Fremdanerkennung	Selbstanerkennung
... persönlicher Rückmeldung von anderen	... persönlicher Rückmeldung durch sich selbst
Balance	Dominanz
... dem Ausgleich von Interessen	... dem Gewinnen

Wenn Sie dieses Thema weiter vertiefen möchten, können Sie ergänzend unter warum-es-bullshit-ist.de/downloads Ihre kostenlose Analyse mit der Auswertung von acht Motiven durchführen. Dort finden Sie auch ein Erklärvideo zum Thema und diese Selbsteinschätzung als PDF.

Natürlich kann eine solche Selbsteinschätzung kein ausführliches Verfahren ersetzen. Dennoch haben Sie beim Nachdenken über bestimmte Situationen und Motive sicher einen ersten Eindruck Ihrer bevorzugten Antriebe bekommen. Wichtig zu wissen: Motive sind kein »Entweder-oder«. Nach dem heutigen Stand der Neurowissenschaften ist dieses polare Denken, an dem sich viele Persönlichkeitsanalysen orientieren, veraltet. Das bedeutet, jemand kann sowohl ein stark ausgeprägtes Motiv »Vorsicht« als auch ein starkes Motiv »Wagnis« haben. Diese Motivlagen lebt sie/er gegebenenfalls in verschiedenen Kontexten oder Lebensbereichen aus. Ein Beispiel: Jemand liebt seinen Job im Controlling und dort alles, was mit Sicherheit und Vorhersagbarkeit zu tun hat. Das stark ausgeprägte Vorsicht-Motiv kann dort hervorragend ausgelebt werden. *Und* sie/er liebt es, in der Freizeit mit Aktien zu zocken und da das starke Wagnis-Motiv auszuleben.

Irritationen oder Konflikte im Alltag sind häufig darauf zurückzuführen, dass die Beteiligten von unterschiedlichen Motiven angetrieben werden. Wenn der eine Partner ein starkes Ruhemotiv (Streben nach körperlicher Entspannung) hat, der andere sich aber in Situationen besonders wohlfühlt, in denen er sich körperlich auspowern kann, ist eine gemeinsame Freizeit- oder Urlaubsplanung mitunter konfliktträchtig. Und wenn jemand mit starkem Ordnungsmotiv (Streben nach geordnetem Vorgehen) und jemand mit ausgeprägtem Flexibilitätsmotiv (Streben nach flexiblem Vorgehen) gemeinsam einen IKEA-Regal aufbauen, ist der Krach fast vorprogrammiert: Der eine sortiert und zählt noch die Schrauben und legt alle Einzelteile zurecht, während der andere schon fast vor Ungeduld platzt und sich fragt, wann es endlich losgeht. Wer von beiden hat recht? Keiner, denn beide folgen nur ihren persönlichen Motiven. Sowohl die Schraubenzähler als auch die Spontanzimmerer werden ihre Vorgehensweise dennoch als die »richtige« oder »bessere« empfinden. Und beide werden sich vielleicht wünschen, der andere wäre ein wenig mehr wie sie selbst. Es ist allerdings ein Irrtum, zu glauben, das Gegenüber müsse sich dazu nur »ein bisschen Mühe geben«. Der andere ist eben … anders! Auch die nebenstehende Übung unterstützt Sie dabei, sich selbst besser kennenzulernen.

Warum Billy-Regale so häufig ein Beziehungstest sind …

Jeder Mensch trägt alle Motive in sich, wenn auch in unterschiedlicher Ausprägung. Es gibt keine »besseren« und weniger guten Motivausprägungen, sondern allenfalls solche, die in einer bestimmten Situation günstig oder nicht so günstig sind. Mit einem ausgeprägten Distanzmotiv tut man sich in der Kinderbetreuung vermutlich schwer. Auf dem Richterstuhl dagegen ist es von Vorteil, ohne große Anstrengung emotionalen Abstand zu anderen wahren zu können. Denn auch das ist eine wichtige psychologische Erkenntnis: Motive streben danach, gelebt zu werden. Sie zu unterdrücken fällt umso schwerer, je ausgeprägter ein Motiv ist.

Den eigenen Motiven auf der Spur (eine kleine Übung)

Auf die Spur kommen Sie Ihren Motiven auch, wenn Sie sich für Sie typische Alltagssituationen durch den Kopf gehen lassen und darüber nachdenken, welche Motive (also die emotionalen Beweggründe für Ihr Verhalten) eigentlich dahinterstecken ...

... wenn Situationen und Aufgaben Ihnen besonders leichtfallen,
... wenn Sie etwas müheloser erledigen als andere Menschen in Ihrer Umgebung,
... wenn Sie eine Aufgabe spontan und engagiert angehen, ohne sich aktiv »motivieren« zu müssen (da Sie ganz automatisch motiviert *sind*).

Bewältigen Sie eine Situation mit Schwung und Freude, handeln Sie sehr wahrscheinlich im Einklang mit einem oder mehreren Ihrer starken Motive. Die Motive liefern Ihnen dann ganz von selbst die nötige Handlungsenergie.

Alternativ können Sie auch beobachten ...

... wann Ihnen eine Situation Sorgen / Unwohlsein bereitet,
... wann Sie etwas wütend macht,
... wann Sie mit bestimmten Menschen immer wieder in Streit geraten,
... wann Sie sich in einer Situation sehr angestrengt fühlen oder
... wann Sie einer Situation ausweichen, obwohl Sie wissen, dass Sie eigentlich handeln sollten.

Brauchen Sie Ihre ganze Disziplin und Willenskraft, um etwas in Angriff zu nehmen oder »auszuhalten«, deutet dies darauf hin, dass Sie gegen ein Motiv handeln müssen, das für Sie sehr relevant bzw. stark ausgeprägt ist.

Was bedeutet das nun für den Alltag? Wenn Sie unterschiedliche Motivlagen verstehen, hilft Ihnen das, gelassener mit manchen Verhaltensweisen umzugehen, die Sie bisher auf die Palme gebracht haben: Die oder der andere will Sie nicht ärgern, sondern sie/er handelt eigenen Motiven entsprechend. Verhalten ergibt sich aus den tieferen Schichten der Persönlichkeit und ist nicht von Montag auf Dienstag einfach veränderbar. Gleichzeitig sollte Sie diese Erkenntnis zu mehr Selbstfürsorge ermuntern: Wenn Sie Ihre Motive kennen, können Sie Ihre eigenen Bedürfnisse klarer formulieren, Verständnis dafür einfordern oder auch Kompromisse schließen. Im Beispiel der beiden IKEA-Bastler könnte dies schlicht bedeuten: Der Schraubenzähler beginnt eine Viertelstunde früher und der Flexibilitätslover trinkt solange in Ruhe einen Kaffee.

Was bedeutet eigentlich »Intelligenz«?

Neben den Motiven gehören auch verschiedene Intelligenzen zu den genetisch verankerten Persönlichkeitsmerkmalen. Dabei haben wir es dem Harvard-Professor Howard Gardner zu verdanken, dass »Intelligenz« nicht mehr nur auf logisch-mathematisches Denken und sprachlich-analytische Fähigkeiten eingeschränkt wird, sondern weitere Begabungen umfasst, die Menschen befähigen, Herausforderungen zu meistern. Dazu zählen …

- musikalische Intelligenz (Musik schätzen, Tonhöhen und Klangqualitäten erkennen, komponieren),
- räumliche Intelligenz (räumliche Zusammenhänge erkennen, sich komplizierte Objekte räumlich vorstellen können),

- körperlich-kinästhetische Intelligenz (Körperbeherrschung, Gespür für Bewegungsabläufe und Geschick im Umgang mit Gegenständen),
- intrapersonale Intelligenz (die eigenen Stärken und Schwächen kennen, klug mit seinen Gefühlen umgehen und eigene Impulse kontrollieren),
- interpersonale Intelligenz (Beweggründe und Stimmungen anderer erkennen und darauf eingehen, Interesse für Gedanken und Gefühle anderer aufbringen),
- naturalistische Intelligenz (Natur beobachten, Lebewesen klassifizieren, größere Zusammenhänge erkennen).

Gardners Theorie der »multiplen Intelligenzen« warnt uns davor, nur die Mathe- und Sprachbegabten als »intelligent« wertzuschätzen. War Mozart etwa weniger schlau als Einstein? Schon die Frage wirkt absurd. Doch wie ist es mit einem Kind, das im Musikunterricht aufblüht, Mathe aber hasst? Umgekehrt wäre es vielen Eltern vermutlich lieber. Und so werden Ermahnungen und Nachhilfelehrer bemüht, um die Mathematikschwäche auszubügeln. Das ist nachvollziehbar, wenn es darum geht, das Klassenziel zu erreichen. Fies wird es erst dann, wenn es mit der Botschaft verbunden ist, das Kind müsse sich ändern und solle lieber multiplizieren üben, als zu musizieren. Oder wenn in einem anderen Fall der Nachwuchs das elterliche Unternehmen weiterführen soll, obwohl er oder sie von einer Karriere als Architekt/-in träumt und mit räumlichem Verständnis und selbst gebauten Pappmodellen schon heute alle in Erstaunen versetzt. Von Nachhilfe in räumlicher Orientierung oder in intrapersonaler Intelligenz habe ich persönlich übrigens noch nie gehört. Auch das unterstützt die Vermutung der unterschiedlichen Wertschätzung verschiedener Intelligenzen in unserer Gesellschaft.

»Wie ich Schriftstellerin wurde. Und warum man seine Träume leben soll«, hat eine der erfolgreichsten und zugleich eine meiner liebsten Krimiautorinnen, Nele Neuhaus, die Schilderung ihrer Schreibkarriere überschrieben. Darin erzählt sie, wie sie jahrzehntelang Geschichten erfand und Romane für die Schublade schrieb, während sie tagsüber in der Fleischfabrik ihres Mannes mithalf. »Zeitverschwendung« habe der das kopfschüttelnd genannt, ebenso wie viele andere Leute in ihrem Umfeld, und auch nach Jahren keinerlei Verständnis aufgebracht. Nele Neuhaus' Hartnäckigkeit wurde schließlich belohnt: Nachdem sie als Selfpublisher von ihren »Taunus-Krimis« bereits hohe vierstellige Auflagen verkaufte, wurde ein Verlag aufmerksam. Inzwischen verdient sie mit ihrer »Zeitverschwendung« vermutlich weit mehr als ihr (mittlerweile) Ex-Mann mit der Fleischfabrik. Warum ich das erzähle? Weil ich mir lebhaft vorstellen kann, wie oft meine Namensvetterin zu hören bekam, sie solle sich ändern, mit der Schreiberei aufhören, lieber »etwas Sinnvolles« tun und dergleichen mehr. Heute hat sie unsere Sympathie, und ihr Mann kommt eher schlecht weg. Doch was wäre, wenn es Ihre eigene Tochter, Frau, Schwester wäre, die ihr Schreibtalent so auslebt? Und wäre es nicht auch ohne Happy End und wirtschaftlichem Erfolg ein Wert an sich, wenn jemand seine Begabung auslebt und dabei glücklich ist – ohne sich fortwährend Gemecker von anderen anhören zu müssen? Nele Neuhaus' autobiografischen Essay finden Sie übrigens auf ihrer Website.[4]

Zurück zum komplexen Aufbau unserer Persönlichkeit. Abbildung 3 zeigt stark vereinfacht, was hinter der (Außen-)Wirkung steckt, die ein Verhalten auf uns hat: Motive und Werte unseres Gegenübers, außerdem bewährte Verhaltensmuster (Routinen, Gewohnheiten). Wie wir selbst ein Verhalten deuten, hängt auch von unseren eigenen Motiven, Werten und Verhaltenspräferenzen ab. Dabei muss ich von außen nach innen vordringen, wenn ich die Persönlichkeit eines anderen wirklich verstehen will: die Wirkung der anderen Person spüre ich unmittelbar. Verhalten kann ich beobachten. Werte muss ich erfragen (»Was ist dir wichtig in Bezug auf ....?«). Motive sind am schwierigsten zu ergründen. Fragen wie »Was bereitet dir Freude hieran?« oder auch »Wie sollte ein Sonntag/ein Arbeitsauftrag gestaltet sein, damit er dir richtig Freude macht?« helfen hierbei.

Wieso ist es schwer, Verhalten richtig zu deuten?

So gesehen ist es kein Wunder, dass es regelmäßig zu Missverständnissen und Konflikten kommt: Dasselbe Verhalten kann ganz unterschiedliche Ursachen haben bzw. durch unterschiedliche Motive ausgelöst werden. Wenn eine Freundin oder ein Freund beispielsweise selten Zeit für uns hat, weil sie/er einen Großteil der Freizeit mit Tennis und Volleyball verbringt, kann »Aktivität« (Streben nach körperlicher Bewegung) das auslösende Hauptmotiv sein. Ebenso gut wäre aber auch möglich, dass es ihr oder ihm vor allem darum geht, ein Dominanzmotiv auszuleben und dass sie/er den Wettbewerb auf dem Sportplatz einem Abend mit uns vorzieht – einfach, weil sie/er mehr Lust darauf hat! Das bedeutet nicht, dass sie oder er uns nicht mag. Oder – eine weitere mögliche Deutung – diese Person bekommt beim Sport die (Fremd-)Anerkennung, die ihr im Beruf versagt bleibt, die für sie aber emotional sehr wichtig ist. Ehe wir uns auf vermeintlich naheliegende Annahmen verlassen, wäre es daher oft klüger, den anderen zu fragen. Was es mit Werten und Verhaltensmustern auf sich hat, schauen wir uns im nächsten Abschnitt an.

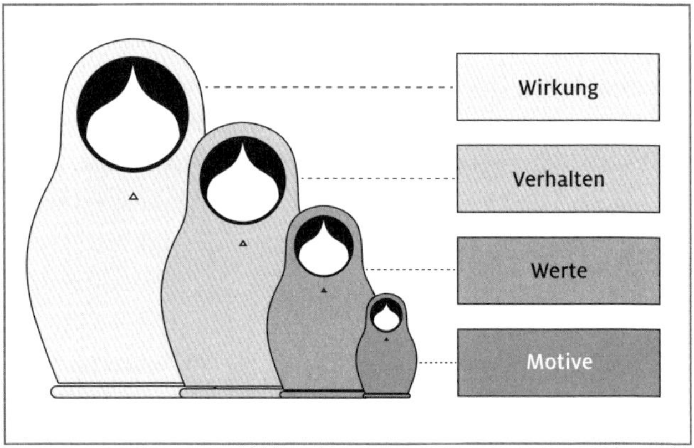

Abb. 3: Ebenen der Persönlichkeit, am Matrjoschka-Modell erklärt

Werte und Verhaltensmuster: Bewährt, gewohnt und dennoch manchmal hinderlich

Vor einiger Zeit wurde ich zufällig Zeugin, wie eine Mitarbeiterin am Telefon zu einem Anrufer sagte: »Tut mir leid, Frau Kreyßig ist auf Geschäftsreise und erst morgen wieder erreichbar.« In Wirklichkeit arbeiteten mein Geschäftspartner und ich an diesem Tag an einem wichtigen Projekt und wollten nicht gestört werden. Das Verhalten der Mitarbeiterin irritierte mich. Was sprach dagegen, einfach zu sagen: »Frau Kreyßig ist heute nicht zu sprechen. Kann sie Sie morgen zurückrufen?« In diesem Moment wurde mir mal wieder bewusst, wie wichtig der Wert »Ehrlichkeit« für mich ist. Ich sprach die Mitarbeiterin später darauf an und bat sie, in Zukunft mit offenen Karten zu spielen. Woher hätte sie auch wissen sollen, dass die Sprachregelung, die ihr letzter Arbeitgeber ausdrücklich wünschte, mit meinen Werten kollidierte? Er verbot ihr sogar, Anrufern zu kommunizieren, dass er im Urlaub war. Sie hatte die Aufgabe, auch dann zu sagen, er sei auf Geschäftsreise.

Werte bilden den Orientierungsrahmen, an dem wir unser Verhalten ausrichten, weil sie uns persönlich wichtig sind. Anders als vorwiegend genetisch verankerte und frühkindlich geprägte Motive werden Werte zeitlebens von unserem näheren und auch gesellschaftlichen Umfeld beeinflusst. Ein Wert wie »Gehorsam« hatte vor 100 Jahren für viele Menschen sicher einen höheren Stellenwert als heute. Auch im Laufe des Lebens können sich Werte verändern. Über den Wert »Gesundheit« beispielsweise macht sich im Alter von 20 Jahren kaum jemand Gedanken, geschweige denn, dass sie/er das eigene Verhalten daran orientiert. Mit 50 oder 60 Jahren sieht das möglicherweise schon anders aus.

Definiert man Werte als Orientierungsrahmen für Verhalten, ist die Liste der Werte tatsächlich offen und es gibt keine allgemeingültig wichtigen und unwichtigen Werte. Aus diesem Grund gibt es auch keine verbindliche Wertedefinition in der Wissenschaft, keinen Wertekatalog, auf den sich alle einigen können. Werden Menschen nach ihren Werten gefragt, nennen sie oft sozial erwünschte Begriffe wie »Weltfrieden« oder »Fairness«. Diese Begriffe klingen sicher großartig und erstrebenswert, doch wie stark leiten sie unser tatsächliches Handeln im Alltag? Verhalten wir uns wirklich fair und tun wir aktiv etwas für den Weltfrieden? Möglicherweise sind zum Beispiel »Eleganz«, »Leidenschaft« oder »Selbstverwirklichung« ehrlichere Aussagen.

Wie ist das bei Ihnen? Wonach richten Sie Ihr Verhalten aus? Nehmen Sie sich etwas Zeit und notieren Sie, was Ihnen wirklich wichtig ist. Dafür können Sie die »Selbsteinschätzung Werte« (Tabelle auf der übernächsten Seite) nutzen. Hierbei geht es um Sie als Menschen mit all Ihren Rollen (beruflich, familiär, im Verein usw.). Bitte beschränken Sie sich nicht auf einen Lebensbereich. Es geht darum, herauszufinden, was Ihnen wirklich wichtig ist im Leben. Meine Empfehlung: Seien Sie dabei im ersten Schritt nicht zu sparsam; füllen Sie die linke Spalte mit 20 Werten, damit auch solche eine Chance haben, die Ihnen nicht gleich spontan durch den

Werte = der tatsächliche Kompass für das eigene Handeln.

Kopf schießen. Wenn Sie ins Stocken geraten und das Gefühl aufkommt, Ihnen fällt nichts mehr ein, dann lassen Sie sich von der (unvollständigen!) Werteliste auf Seite 71 inspirieren. Diese Liste wird wahrscheinlich nicht zu 100 Prozent Ihre bevorzugte Wortwahl treffen, ändern / ergänzen Sie daher gern!

Im nächsten Schritt wählen Sie dann die zehn wichtigsten Werte aus und übertragen sie in die zweite Spalte. Danach geht es wirklich ans Eingemachte: Stellen Sie sich vor, Sie müssten sich für fünf Werte entscheiden und auf alle anderen verzichten. Was ist Ihnen also wirklich am wichtigsten? Welche blieben dann noch übrig? Diese fünf Werte kommen in die dritte Spalte. Im letzten Schritt bringen Sie diese Werte in eine Rangfolge von 1 bis 5 (Spalte vier).

> Die Werte-Übung können Sie, zusammen mit der Inspirationsliste, unter warum-es-bullshit-ist.de/downloads kostenfrei downloaden.

Was ist mir wirklich wichtig? (Selbsteinschätzung Werte)

Die Ausgangsfrage ist ganz einfach: Was ist Ihnen wirklich wichtig im Leben? Alle Antworten sind erlaubt. Denken Sie nicht zu viel nach, ob der Begriff, der Ihnen gerade durch den Kopf schießt, wirklich ein »Wert« ist. Wenn Sie Ihr Verhalten im Alltag an diesem Begriff orientieren (also wirklich danach leben), dann ist es ein Wert für Sie.

1				1
2				2
3				3
4				4
5				5
6				
7				
8				
9				
10				
11				
12				
13				
14				
15				
16				
17				
18				
19				
20				

Werte – eine unvollständige Sammlung zur Inspiration		
Abgrenzung	Fitness	Selbstgenügsamkeit
Abstand	Freigebigkeit	Selbstsicherheit
Akzeptanz	Freiraum	Sensibilität
Anpassungsfähigkeit	Gemeinsamkeit	Sexualität
Ansehen	Gemütlichkeit	Sieg
Ästhetik	Genügsamkeit	Souveränität
Aufmerksamkeit	Genuss	Sozialer Ausgleich
Ausgeglichenheit	Gestaltung	Sparen
Autarkie	Gesundheit	Spiritualität
Authentizität	Hilfsbereitschaft	Spontanität
Beachtung	Karriere	Stabilität
Bequemlichkeit	Kontakt	Struktur
Bescheidenheit	Lust	Teamorientierung
Bestätigung	Macht	Toleranz
Bewegung	Menschlichkeit	Tradition
Bildung	Naturschutz	Trendbewusstsein
Bodenständigkeit	Nervenkitzel	Umwelt
Dienstleistung	Nüchternheit	Unabhängigkeit
Disziplin	Nutzen	Unterordnung
Effektivität	Pragmatismus	Unterstützung
Effizienz	Purismus	Verantwortung
Ehre	Rationalität	Verbindlichkeit
Ehrlichkeit	Realismus	Verlässlichkeit
Eigennutzen	Religion	Vernunft
Eigentum	Reserven	Wahrheit
Entspannung	Risikobereitschaft	Wohlwollen
Erholung	Robustheit	Zielorientierung
Erklärbarkeit	Ruhm	Zugehörigkeit
Ernsthaftigkeit	Sachorientierung	Zurückhaltung
Familienleben	Schönheit	Zusammenhänge
Fairness	Selbstbewusstsein	Zweckmäßigkeit

Seien Sie bei Ihrer Werteübung kompromisslos ehrlich! Sie machen diese Übung nur für sich, nicht für andere. Kürzlich hörte ich von einer erfolgreichen Anwältin, die in einer Großstadtkanzlei kündigte, als diese in einen Neubau mit striktem Rauchverbot zog. Arbeitsinhalte, Arbeitsklima, Gehalt, all das stimmte. Doch »rauchen können, wenn ich möchte« war für sie so wichtig, dass die Juristin die Konsequenzen zog und den Arbeitgeber wechselte. Der relevante Wert, der hierbei verletzt wurde, war übrigens »Selbstbestimmung« (ich entscheide gerne selbst, wann und wo ich rauche), und er wurde auch an anderen Stellen in der Kanzlei verletzt.

Es geht darum, wie Sie wirklich ticken.

Wenn bei Ihnen also »Karriere« vor »Familienleben« rangiert, ist das so, auch wenn Sie befürchten, manche Ihrer Freundinnen oder Freunde wären möglicherweise entsetzt über diese Priorität. Erstens wissen Sie nicht, ob Ihr Freundeskreis Sie deshalb wirklich verurteilen würde, und zweitens geht es ja genau darum: zu wissen, wie Sie selbst ticken, besser zu verstehen, wie andere ticken, und vor diesem Hintergrund gelassener und toleranter miteinander umzugehen. Das wiederum heißt vor allem, sich nicht länger gegenseitig mit negativen Bewertungen und Änderungswünschen zu konfrontieren. Nicht selten verbergen sich hinter solchen Ansprüchen Wertekonflikte. Für die eingangs erwähnte Nachbarin, die sich um die Altersvorsorge ihres Sohnes sorgt, sind »Sparen« und »Sicherheit« wesentliche Werte, die ihr Sohn, der in materiellem Wohlstand aufgewachsen ist, nicht in dem Maße teilt. Auch teilweise sehr persönlich und verletzend geführte Diskussionen um das »richtige« Lebenskonzept (z. B. Kinder – ja oder nein? Eigen- oder Fremdbetreuung? Fluch und Segen von Teilzeitarbeit) wurzeln häufig in unterschiedlichen Wertvorstellungen (mehr dazu im 4. Kapitel). Ein erster Schritt zur Beruhigung der Situation kann sein, miteinander über die eigenen Werte zu sprechen und auch darüber, wie man diese Werte in seinem eigenen Alltag lebt und zu welchen Entscheidungen sie veranlassen.

Mit Motiven und gesellschaftlich geprägten Werten sind schon zwei wesentliche Einflussfaktoren auf unsere persönliche Wahrnehmung der Welt und unser Verhalten benannt. Nicht zufällig steckt in Be-wert-ung das Wort »Wert«, und unsere Bewertungen sind, wie schon in Kapitel 1 dargestellt, eine munter sprudelnde Quelle unseres Alltagsärgers. Außer auf unsere Werte verlassen wir uns in unserem Tun auf »bewährte« Verhaltensmuster. Das verdeutlicht ein kleines Gedankenspiel:

- Wann haben Sie das letzte Mal etwas für Sie völlig Neues getan? Oder:
- Wann haben Sie das letzte Mal etwas Bekanntes auf für Sie völlig neue Art und Weise getan?

Wenn Sie in beiden Fällen länger nachdenken müssen, befinden Sie sich in großer Gesellschaft. Während wir als Kinder ständig etwas Neues lernen und ausprobieren, bewegen wir uns als Erwachsene die meiste Zeit auf gut eingefahrenen Gleisen. Fast alles, was wir im Alltag tun, haben wir irgendwann schon einmal

Die Macht der Gewohnheit bestimmt unser Verhalten.

gemacht, oft sogar Hunderte oder gar Tausende von Malen. Der Mensch ist tatsächlich so ein Gewohnheitstier, wie das Sprichwort behauptet. Das erlebt jeder, der beispielsweise versucht, eine gewohnte Weihnachtsroutine in seiner Familie zu verändern. Schon der arglose Vorschlag, am 24. Dezember mal italienisch zu kochen, kann Fassungslosigkeit hervorrufen: »Aber bei uns gibt es doch *immer* Heringssalat!« Haben Sie gerade gedacht: »Heringssalat an Weihnachten?? Wie merkwürdig!« Da hat sich schon wieder die altvertraute Bewertungsroutine eingeschaltet …

Im Beruf ist es nicht anders. »Können wir den Termin nicht über Doodle abstimmen?« »Ich packe die Datei in die Dropbox, dann müssen wir keine großen Anhänge hin- und hermailen!« »Warum machen wir die Jahrestagung nicht mal als Open-Space-Konferenz?« – Manchmal reichen schon Anregungen wie diese, um in altersgemischten Teams die Stimmung auf den Gefrierpunkt sinken zu lassen. Dabei werden hier keine Revolutionen geplant, sondern nur andere Arbeitsmethoden vorgeschlagen. In der Regel fallen dann Sätze wie »Das haben wir noch nie so gemacht!«, »Das machen wir aber immer so!«, »Wieso das denn jetzt?«, »Was soll denn das bringen?!«, statt erst einmal auszuprobieren, ob die neue Methode möglicherweise Vorteile hat.

Ganz offensichtlich lieben wir Menschen es, Dinge auf eine gewohnte (und häufig auch bewährte) Weise zu tun. Routinen und Gewohnheiten geben uns Sicherheit und entlasten. Das Leben wäre ziemlich anstrengend, wenn wir ständig neu überlegen müssten, wie wir dieses oder jenes am besten angehen, gerade wenn wir dies schon x-mal sehr erfolgreich »so« getan haben. Stattdessen zehren wir von den Erfahrungen aus der Vergangenheit. Verhalten, das uns unversehrt ans Ziel bringt *und* sich gut anfühlt, führt am schnellsten zur Bildung von Routinen und entsprechenden Verhaltensmustern – schließlich »wissen« wir, dass dieses Vorgehen schon häufiger funktioniert hat. Verhalten, das uns zwar ans Ziel führt, sich dabei aber nicht so gut anfühlt (z. B. weil es nicht so gut zu unseren Motiven passt), erwerben wir schon deutlich zögerlicher und lassen wir eher wieder fallen. Und die dritte Variante – ein getestetes Verhalten, das nicht ans Ziel führt und sich nicht gut anfühlt – wird sehr schnell wieder fallen gelassen. In allen drei Fällen entstehen häufig Glaubenssätze, beispielsweise

- »Organisieren liegt mir. Am besten nehme ich das immer selbst in die Hand.« (Fall 1)
- »Organisieren ist nicht so mein Ding. Das können andere besser als ich.« (Fall 2)
- »Ich habe eben null Organisationstalent. Davon lasse ich lieber die Finger!« (Fall 3)

Das Vertrackte dabei: Solche Glaubenssätze funktionieren wie selbsterfüllende Prophezeiungen. Zwei, drei Einzelerfahrungen werden verallgemeinert und führen dazu, dass man ein Verhalten immer wieder anwendet und dadurch gleichzeitig übt, oder aber, dass man es meidet. Wer glaubt, sie/er könne gut organisieren, übernimmt entsprechende Aufgaben und wird immer besser im Organisieren. Und wer überzeugt ist, das liege ihr / ihm nicht, geht solchen Aufgaben aus dem Weg. Interessanterweise zählt nach einer gewissen Zeit das »gute Gefühl« bei der Umsetzung eines gewohnten und routinierten Verhaltens mehr als das Erreichen des Ziels. Das erklärt auch, warum wir und andere manchmal Gewohnheiten folgen, obwohl sie nicht (mehr) gut für uns sind. So kann es sein, dass eine erfahrene Controllerin oder ein erfahrener Controller hartnäckig auf den bewährten Excel-Tabellen beharrt, obwohl ein neues Kalkulationsprogramm die Aufgabe wesentlich erleichtern könnte: Es fühlt sich einfach zu gut an, wenn der Monatsabschluss auf die gewohnte Weise und quasi im Schlaf erstellt werden kann. »Gewohnheiten tragen ihre Belohnung in sich«, schreibt der Neurobiologe Gerhard Roth dazu und ergänzt: »Das Aufgeben von Gewohnheiten wird deshalb oft wie ein Drogenentzug oder zumindest als beunruhigend erlebt.« Tatsächlich führt die Ausführung automatisierter Handlungen im Gehirn zur Ausschüttung »endogener [also körpereigener] Opioide«[5].

Gewohnheiten fühlen sich einfach gut an.

In der Fernsehserie »Downton Abbey« gibt es eine Episode, die eindrucksvoll illustriert, was mit jemandem passiert, der etwas, das ihm in Fleisch und Blut übergegangen ist, plötzlich nicht mehr auf die gewohnte Weise tun darf. Für alle Nichteingeweihten: »Downton Abbey« ist der Sitz englischer Landadeliger. Gegenstand der Serie sind die kleinen und großen Probleme der Crawleys als Adelsfamilie und der sie umsorgenden Dienstboten im ersten Drittel des 20. Jahrhun-

derts. Eine zentrale Figur ist der Butler Carson, der seiner Lordschaft schon viele Jahre dient und ein strenges Regiment in der Dienerschaft führt. Seine vertraute Welt gerät völlig aus den Fugen, als die Schwiegermutter des Lords aus Amerika anreist. Statt des üblichen eher steifen Festmenüs zu einem feierlichen Anlass schlägt Martha Levinson (gespielt von Shirley MacLaine) ein zwangloses Buffet vor. Die energische Dame setzt sich durch: Möbel werden verschoben, Menüfolgen auf den Kopf gestellt, die Dinnerjackets bleiben im Schrank! Carson fällt von einer Ohnmacht in die andere. Darüber gerät für ihn völlig in den Hintergrund, was sich zur selben Zeit auf der Weltbühne abspielt: Vor Kurzem hat der Erste Weltkrieg begonnen, junge Männer werden reihenweise eingezogen, auch von Downton Abbey. Die Ersten von ihnen sind bereits gefallen. Doch was den erfahrenen Butler wirklich im Innersten trifft, ist die neue Kleiderordnung bei einer Abendveranstaltung.

Verhaltensmuster sind glücklicherweise nicht in Stein gemeißelt. Wir können sie hinterfragen und ändern, wenn auch selten von heute auf morgen. »Eine Angewohnheit kann man nicht aus dem Fenster werfen, man muss sie die Treppe hinunterprügeln. Stufe für Stufe«, meinte der Schriftsteller und Tom-Sawyer-Erfinder Mark Twain. Von einer alten Gewohnheit verabschiedet man sich am besten, indem man sie durch eine neue, zielführendere Gewohnheit ersetzt. Psychologen sprechen auch vom »Überlernen«: Je mehr ich mein neues Verhalten genießen kann, weil es immer reibungsloser läuft, desto mehr wird mein altes Verhalten in den Hintergrund gedrängt und desto stärker wird die neue Verhaltensroutine. Das ist übrigens auch ein Erfolgsrezept für die Umsetzung vieler Silvestervorsätze: in gut geplanten, kleinen Schritten ein neues Verhalten einüben, statt folgenlos ehrgeizige Ziele zu formulieren. Zweimal die Woche flott spazieren gehen ist immer noch besser, als fünfmal die Woche joggen gehen zu wollen, ohne schlussendlich einen Schritt zu tun. Das Ziel ist zu groß und damit wird die Umsetzung unrealistisch.

Doch auch ein durch kleine Schritte eingeübtes neues Verhalten kann in Stresssituationen wieder durch alte Muster ersetzt werden. Wenn Sie es zum Beispiel gewöhnt sind, sich in Konfliktsituationen in Ihr Schneckenhaus zurückzuziehen, können Sie es in Zukunft bewusst anders machen, eigene Beweggründe und Gefühle ansprechen und den anderen nach seinen Argumenten und Gefühlen fragen. Je unvermuteter ein Konflikt ausbricht und je tiefer er Sie trifft, desto größer wird jedoch die Gefahr sein, dass Sie kurzfristig wieder in die Schneckenhausstrategie verfallen. Diese Strategie ist einfach schon zu oft geübt, als dass sie wirklich wegfallen wird. Hinzu kommt, dass Sie fast immer mit einer »Anfangsverschlechterung« rechnen müssen, wenn Sie etwas Neues ausprobieren. Haben Sie bisher im Zweifingersystem getippt, werden Sie beim Zehnfingerschreiben erst eine Weile langsamer sein, bis sich die Übung auszahlt. Und auch die neue Konfliktbewältigungsstrategie bedeutet erst einmal mehr Energieverbrauch statt weniger.

Mit diesem Hintergrundwissen fällt es Ihnen möglicherweise leichter, Nachsicht mit »nervigen« Gewohnheiten mancher Mitmenschen zu üben. Was wir uns über Jahre angewöhnt haben, ist wie eine Verhaltensautobahn. Die vertraute Schnellstraße zu verlassen und einen unbekannten Trampelpfad zu nehmen, ist anstrengender als gedacht, selbst wenn es auf der gewohnten Strecke immer wieder zum Crash (also Misserfolg) kommt. Eine Freundin erzählte mir beispielsweise, dass es bei Besuchen bei den Schwiegereltern jedes Mal schon in den ersten Minuten Streit gibt. Die Szene ist immer die gleiche: Schwiegermama öffnet die Tür und sagt nach einer kurzen Umarmung vorwurfsvoll zu ihrem Sohn: »Du warst ja schon soooo lange nicht mehr hier! Ich erkenne dich kaum noch!« Spätestens wenn dann noch jene Unbekannte aus der dörflichen Nachbarschaft erwähnt werden, deren Kinder natürlich viel öfter zu Besuch kommen, geht der Sohn an die Decke. Jedes Mal. Beide, Mutter und Sohn, handeln wie auf Autopilot. Doch auch wenn es schwer ist: Solche Verhaltensmuster lassen sich ändern. Und sobald der Sohn anders reagieren würde (z. B. einen Scherz über die immer gleichen Sprüche macht oder einfach dazu schweigt), würde die Mutter mit hoher Wahrscheinlichkeit früher oder später ihr Verhalten ebenfalls ändern. (Mehr dazu, wie Verhaltensweisen sich gegenseitig bedingen, im nächsten Kapitel im Abschnitt »Entdecken Sie das Geheimrezept, handeln Sie selbst anders!«.)

Sind Sie mit den Gewohnheiten anderer nachsichtig?

Unsere Verhaltensroutinen sind stark von unserer Umgebung beeinflusst. Wie »man« dies oder jenes macht, lernen wir schon im Vorschulalter in der Familie, später dann auch von weiteren Bezugspersonen, Vorbildern, Lehrern, auch durch mediale Rollenmodelle. Wir lernen unzählige große und kleine Dinge, wie »man« Weihnachten feiert, zu welchen Anlässen »man« sich beschenkt und was als akzeptables Geschenk gilt, wie »man« mit Geld umgeht, wie sauber ein Badezimmer zu sein hat, was zu einer »richtigen« Mahlzeit gehört, wie »man« Konflikte austrägt (mit dem Kopf durch die Wand oder mit dem Besen unter den Teppich), wie »man« Frieden schließt, dass sich Leistung lohnt oder auch nicht und noch viel mehr. Bewusst werden uns solche Muster immer dann, wenn sie mit den Verhaltensmustern anderer kollidieren. Eine ältere Bekannte erzählte mir, sie sei als jung verheiratete Frau Ende der Fünfzigerjahre fassungslos gewesen, als nach ihrem Einzug ins Haus der Schwiegereltern während eines heftigen Gewitters alle seelenruhig am Tisch sitzen blieben und weiteraßen – ihr Mann, seine Eltern und die jüngeren Geschwister ihres Mannes. In ihrer eigenen Familie habe man bei jedem Unwetter sämtliche wichtigen Dokumente in ein Köfferchen gepackt und sich in Sonntagsgarderobe in der Stube versammelt, um bei einem möglichen Blitzeinschlag »anständig gekleidet« fliehen zu können.

Darüber mag man schmunzeln. Aber haben Sie noch nie auf der Toilette Mails gecheckt oder morgens auf Ihre Smartphone-Wetter-App geguckt statt einfach aus dem Fenster? Jenseits kleiner Marotten: Welche Verhaltensmuster sind typisch für Sie? Mit der folgenden Übung kommen Sie ihnen auf die Spur.

Eigenen Verhaltensmustern auf der Spur (Übung)

1. Welche Verhaltensroutinen *anderer* haben Sie zuletzt genervt? Und was verrät Ihnen das über Ihre eigenen Verhaltensmuster?
2. Welche Lebensregeln und Glaubenssätze haben Sie in Ihrer Kindheit und Jugend mit auf den Weg bekommen? Häufig werden solche Glaubenssätze in Form von Sprichwörtern weitergegeben und prägen unser Verhalten dauerhaft. Beispiele: »Wer rastet, der rostet.« »Von nix kommt nix.« »Lehrjahre sind keine Herrenjahre.« »Mit ehrlicher Arbeit wird man nicht reich.« »Der Klügere gibt nach.« »Erst die Arbeit, dann das Vergnügen.« »Das Leben ist zu kurz für Langeweile.«
3. Daneben gibt es (un-)ausgesprochene Familienregeln, von kleinen Dingen wie dem fälligen Dankeschön-Brief (oder der Danke-WhatsApp) nach jeder Einladung bis zu grundlegenden Maximen wie »In unserer Familie macht man keine Schulden!« – oder auch, ganz im Gegenteil, »Wer keine Schulden macht, hat den Kapitalismus nicht verstanden!«.
4. Auf welche Gewohnheit würden Sie auf keinen Fall verzichten – und warum?
5. Für welches Verhalten wurden Sie zuletzt kritisiert – und Sie tun es trotzdem jederzeit wieder? Welcher Glaubenssatz / Welches Verhaltensmuster steckt eventuell dahinter?

Sie können beruhigt sein: Es gibt im Alltag fast nichts, zu dem man nicht unterschiedlicher Meinung sein könnte! Das kann man im Extremfall als Quelle stetigen Ärgers und Konfliktpotenzials betrachten, frei nach dem Motto: »Alles Deppen, nur ich nicht!« Oder man öffnet sich anderen Positionen, ist neugierig und empfindet sie zumindest manchmal auch als interessant, anregend oder sogar als Bereicherung.

Erfahrungen: Geschichten, die uns prägen – Geschichten, die wir prägen

Neben Verhaltensmustern als typischen Anpassungen an unsere jeweilige Umwelt zählt Dan McAdams die sogenannten »Life Narratives« zu den persönlichkeitsbildenden Faktoren.[6] Der Grundgedanke dabei ist, dass wir unsere täglichen Erlebnisse und Erfahrungen zu sinnvollen Geschichten (um-)deuten und uns so vergewissern, wer wir sind, wie die Welt um uns herum tickt und wie wir in der Zukunft erfolgreich handeln können. Solche Lebensgeschichten sind zugleich einzigartig und kulturell ermöglicht: Was Sie heute, gestern und in den vergangenen Jahren erlebt haben, unterscheidet sich von allem, was jeder andere Mensch auf dieser Welt erlebt hat.

Gleichzeitig wird die Art Ihres Erlebens und die Deutung Ihrer Erlebnisse stark davon beeinflusst, in welcher Kultur und welcher Zeit Sie aufgewachsen sind und welche Spielregeln und Deutungsmuster Sie dort erfahren und gelernt haben. Das wirkt ein wenig theoretisch, lässt sich aber im Folgenden an einem Beispiel leicht verdeutlichen. Überlegen Sie vorher einen Moment, wie Sie einem Freund oder einer Bekannten von einer persönlichen Erfahrung berichten würden, die in irgendeiner Form bedeutsam für Sie war, Sie also emotional bewegt hat.

»Am 14. Mai 1985 habe ich das Abitur mit der Note 2,0 bestanden, zuvor hatte ich drei schriftliche und zwei mündliche Prüfungen gemacht, und zwar in den Fächern …« Würde jemand so beim Austausch am Kaffeetisch oder in der Kneipe von diesem Erlebnis berichten? Wohl kaum. Stattdessen formuliert man eher etwas, das so klingt: *»Vor dem Abitur habe ich mich damals schon gefürchtet. Ich bin der Erste in unserer Familie, der aufs Gymnasium ging. Zum Glück haben meine Eltern mich immer unterstützt und ermutigt. Am Ende war ich selbst überrascht, dass ich im Mai 2005 mit einer so guten Note wie 2,0 das Abitur bestanden habe. Dafür habe ich aber auch monatelang intensiv gelernt, sodass ich selbst in Deutsch, einem Fach, das ich nie mochte, 11 Punkte geschafft habe.«* Die erste Schilderung ist eine bloße Aneinanderreihung von Daten und Fakten. Die zweite verknüpft diese Fakten zu einer kleinen Geschichte mit Einleitung (»habe mich gefürchtet«), Höhepunkt (»Note 2,0«) und einer versteckten »Moral« am Ende (»monatelang gelernt« = Anstrengung lohnt sich). Mit der zweiten Schilderung verleihen wir unserem Erleben Zusammenhang, Emotionen und Sinn. Wir untermauern ein bestimmtes Selbstbild, ziehen Schlussfolgerungen aus unserem Handeln, zum Beispiel in Form bestimmter Handlungsstrategien oder Glaubenssätze – im Beispiel oben etwa: Wer eine große Herausforderung vor sich hat, braucht Ermutigung. Oder: Wer etwas erreichen will, sollte sich mit ganzer Kraft vorbereiten.

Wir möchten normalerweise, dass unser Leben sich zu einem sinnvollen Ganzen fügt, und diesen Sinn verleihen wir ihm gedanklich und auch durchs Erzählen. Ob am Küchentisch, in der

Kneipe oder auf dem Büroflur: Wir tauschen regelmäßig Mini-Geschichten aus: »*Da habe ich mich so abgehetzt, um pünktlich fertig zu sein mit dem Konzept, und zwei Minuten vor dem Meeting kommt die Sekretärin und sagt: ›Herrn Dr. Meyer ist etwas dazwischengekommen. Die Sitzung muss leider auf nächste Woche verschoben werden.‹ Ich glaube, ich fange jetzt wirklich an, mich zu bewerben.*« Oder: »*Du glaubst nicht, was mir heute passiert ist: Ich stehe an der Ampel und da hupt es neben mir, und als ich zur Seite schaue, sitzt da Sophie, meine Sitznachbarin aus der Mittelstufe, in einem knallroten Porsche! Gerade letzte Woche hatte ich an sie gedacht. Ich sage ja immer, es gibt keine Zufälle.*« Natürlich spielen unsere Motive und Verhaltensmuster eine Rolle bei der Deutung alltäglicher Erlebnisse. Jemand mit einem ausgeprägten Ordnungsmotiv, der gerne akribisch plant, bewertet eine kurzfristige Terminverschiebung negativer als jemand, der gerne flexibel bleibt und am liebsten auf den letzten Drücker aktiv wird. Möglicherweise freut sich der Zweite sogar über die Galgenfrist und fühlt sich in seiner Haltung bestätigt, nicht immer alles so eng zu sehen und streng vorzubereiten. Umgekehrt führen Erlebnisse zur Bildung von Handlungsmustern und Glaubenssätzen, wie im letzten Abschnitt erläutert.

Mit Geschichten geben wir Erlebnissen einen Sinn.

Wir stellen also tatsächlich »Sinn« her in dem, was uns passiert. Nicht immer stimmen dabei unsere Deutungen, wenn wir aus Einzelereignissen etwas schlussfolgern. Das ist ein wenig wie bei den beiden Laborratten, die sich unterhalten, und die eine sagt triumphierend zur anderen: »Ich habe die Frau im weißen Kittel jetzt so weit dressiert, dass sie mir immer Futter gibt, wenn ich auf diesen roten Hebel hier drücke!« Auch Menschen können über Ursachen und Wirkungen ganz unterschiedlicher Meinung sein, abhängig von genetisch bedingten Antreibern (Motiven), vermittelten Werten, durch Sozialisation und Erfahrung vermittelten Verhaltensmustern und Werten und kulturell bedingten Deutungsmustern. Möglicherweise kennen Sie in Ihrem Umfeld jemanden, dem seit Jahren ein Unrecht nach dem anderen widerfährt und der felsenfest überzeugt ist, selbst komplett schuldlos daran zu sein. Am schlechten Schulabschluss waren ungerechte Lehrkräfte schuld, an der vergeigten Ausbildung die misslungene Berufsberatung, am Übergewicht die Gene, an der Scheidung die egoistische Partnerin oder der Partner. Wer schon als Kind immer wieder hört, dass die Welt ungerecht ist, kann diese Haltung nur schwer revidieren, auch wenn Außenstehende das noch so gerne hätten. Am anderen Ende der Skala sind die Menschen, die selbst die heftigsten Schicksalsschläge positiv umdeuten können, wie etwa die Bahnrad-Olympiasiegerin Kristina Vogel, die seit einem schweren Sportunfall 2018 querschnittsgelähmt ist und sagt: »Ich habe großes Glück, dass ich noch lebe und dass ich noch voll funktionsfähige Arme habe. Ich hätte auch gut halsabwärts gelähmt sein können«, und: »Zum ersten Mal in meinem Leben muss ich nichts, ich kann. Diese Situation möchte ich genießen. Im Grunde genommen bin ich zum ersten Mal frei.«[7] Die meisten Menschen werden sich vermutlich irgendwo zwischen diesen beiden Extremen verorten, wenn sie den Sinn in ihrem Alltag

Dasselbe Geschehen, ganz verschiedene Deutungen.

suchen, abhängig auch von eigenen Deutungsmustern wie »Alles Schlechte hat auch sein Gutes« oder »Das Leben ist eben ungerecht«. Beiden Glaubenssätzen gemeinsam ist, dass sie Geschehnissen einen Sinn unterstellen, ob nun positiv oder negativ.

Gleichzeitig passiert es uns manchmal auch, dass wir alte Geschichten vor dem Hintergrund neuer Erlebnisse und Erfahrungen umdeuten. Das ist zum Beispiel dann der Fall, wenn wir ein negatives Erlebnis in der Rückschau anders interpretieren: *»Die Kündigung war im Nachhinein das Beste, was mir passieren konnte. Sonst hätte ich nie den Mut gehabt, mich selbstständig zu machen!«*, oder: *»Die Krankheit hat mir gezeigt, worauf es im Leben wirklich ankommt! Seitdem nutze ich meine Zeit viel intensiver.«* Oder wie in meinem Fall, als der viel zu frühe Tod meiner wunderbaren Freundin Annika (sie starb mit 32 Jahren) dazu führte, dass ich mein Leben seitdem viel bewusster und konsequent für mich passender lebe.

Hinter Reaktionen stecken oft persönliche Geschichten.

All das heißt aber auch: Was uns in Zukunft passiert, nehmen wir vor dem Hintergrund dessen wahr, was uns in der Vergangenheit passiert ist, und deuten es entsprechend. Auch das mahnt zur Nachsicht mit anderen und ihren für uns manchmal überraschenden Reaktionen. Wer weiß schon, welche persönliche Geschichte dahintersteckt, wenn jemand aus unserer Sicht beispielsweise völlig überzogen reagiert? Oder umgekehrt, passiv bleibt, wo wir gelernt haben, dass man sich unbedingt wehren sollte? Wir deuten jedes

Verhalten aus dem Bezugsrahmen unserer eigenen Persönlichkeit heraus. Anders geht es nicht: Wir können schließlich nicht aus uns »heraustreten«. Was wir aber tun können: den anderen fragen, warum sie oder er so und nicht anders reagiert, bevor wir bewerten und verurteilen.

In Führungsseminaren mache ich gern eine Übung, bei der wir die Teilnehmenden auffordern, unter einem Zeitstrahl jene Erlebnisse in Kindheit, Jugend, Ausbildung und Beruf festzuhalten, die aus ihrer Sicht ihr heutiges Führungsverhalten beeinflusst haben. Die meisten Teilnehmenden reagieren zunächst überrascht, sind dann aber doch erstaunt, welchen nachhaltigen Einfluss bestimmte Erfahrungen auf ihre Einstellung zum Thema Führen haben. Unbewusst orientieren sich viele beispielsweise an Führungserlebnissen, die sie in der Familie, in der Schule, im Verein oder als sie selbst zum ersten Mal im Job »geführt« wurden, gemacht haben. Sind Sie neugierig auf Ihre prägenden Erlebnisse? Dann wählen Sie einen Lebensbereich, in dem Ihre Unzufriedenheit und damit Ihr Änderungswunsch an andere gerade besonders groß ist – ob beim Thema Familie, bei der Zusammenarbeit im Beruf, bei Auseinandersetzungen in der Partnerschaft … Welche eindrücklichen Erlebnisse (Life-Storys) haben in der Rückschau Ihre Haltung zu diesem Thema beeinflusst? Hierfür ist es hilfreich, chronologisch vorzugehen und dort zu starten, wo Ihr Erinnerungsvermögen startet. Sie können Zeiträume oder Lebensphasen notieren und dann explizite oder allgemeine Erinnerungen an Momente aufschreiben. Je mehr es Ihnen gelingt, Beispiele zu finden, desto ergiebiger wird die folgende Übung für Sie.

Übung: Life-Storys – Erlebnisse, die mich geprägt haben (Zeitstrahl)

Das ist mein Lebensbereich / Thema, in dem ich Unzufriedenheit / einen Änderungswunsch in Bezug auf andere spüre: ______________________________

Und diese für mich prägenden Ereignisse, von denen ich glaube, dass sie meine heutige Unzufriedenheit beeinflussen, fallen mir in der Rückschau ein:

▶▶▶▶▶▶▶▶▶▶ Zeitraum / Lebensphase	▶▶▶▶▶▶▶▶▶▶ Zeitraum / Lebensphase	▶▶▶▶▶▶▶▶▶▶ Zeitraum / Lebensphase
______________	______________	______________
______________	______________	______________
______________	______________	______________
______________	______________	______________
______________	______________	______________
______________	______________	______________
______________	______________	______________
______________	______________	______________
______________	______________	______________

▶▶▶▶▶▶▶▶▶▶ Zeitraum / Lebensphase

▶▶▶▶▶▶▶▶▶▶ Zeitraum / Lebensphase

▶▶▶▶▶▶▶▶▶▶ Zeitraum / Lebensphase

Die Life-Story-Übung können Sie ebenfalls unter warum-es-bullshit-ist.de/downloads kostenfrei downloaden.

Damit endet vorerst unsere Reise durch die Welt der Persönlichkeit. Die Landkarte, die ich dabei in Anlehnung an das Modell der »New Big Five« für Sie skizziert habe, und die Übungen dieses Kapitels fasst Abbildung 4 zusammen. Vielleicht blicken Sie noch einmal kurz zurück, bevor Sie weiterlesen: Was nehmen Sie von dieser Reise mit? Welche Erkenntnisse über sich und andere haben Sie bis hierher gewonnen?

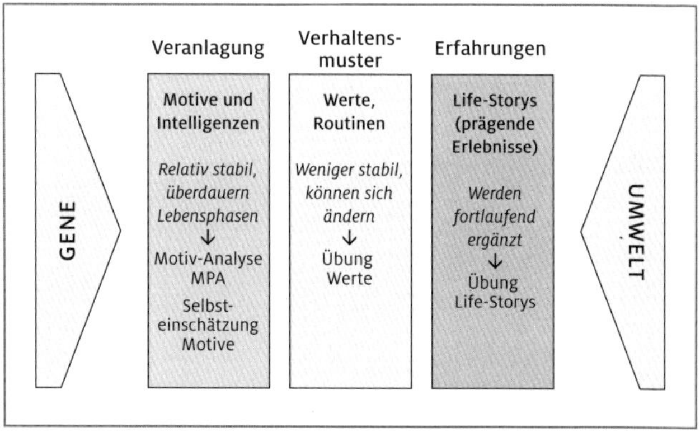

Abb. 4: Ergänztes Persönlichkeitsmodell

Man kann sich den ganzen Tag ärgern.
Aber verpflichtet ist man nicht dazu.

Büroweisheit

3 MEHR SPASS IM ZOO DES LEBENS

In einer bekannten Geschichte wird ein alter Mann täglich von einer Gruppe Kinder geärgert. Auf dem Nachhauseweg von der Schule kommen sie an seinem Haus vorbei, und da der Mann nicht mehr gut laufen kann, verspotten sie ihn gefahrlos, sobald sie ihn auf der Terrasse sitzen sehen. Eines Tages hat der Mann genug davon: Er winkt die Kinder an seinen Gartenzaun, und als sie sich zögernd nähern, verspricht er ihnen einen Euro, wenn sie es schaffen, ihn am nächsten Tag wieder zu ärgern. Die Kinder sind erst verblüfft, dann begeistert. Am Folgetag kassieren sie den versprochenen Euro. »Wenn ihr mich morgen wieder ärgert, bekommt jeder 50 Cent«, verspricht der Mann anschließend. Die Begeisterung der Kinder lässt da schon etwas nach. Am nächsten Tag verteilt der alte Mann nach Ausführung des »Ärger-Auftrags« die Fünfzig-Cent-Münzen und kündigt an, ab sofort bekomme jeder 10 Cent fürs Ärgern. »Nur 10 Cent?!«, tönt es daraufhin aus der Kinderrunde. »Da lassen wir es lieber ganz sein!« Und der alte Mann hat endlich seine Ruhe.

Was diese Geschichte wunderbar illustriert: Wir können andere nicht ändern – jedenfalls nicht auf unseren ausgetretenen Lieblingspfaden: indem wir klagen, fordern, schimpfen oder gute Ratschläge erteilen. Was wir jedoch zuverlässig ändern können, ist unser *eigenes* Verhalten. Und das kann ein äußerst wirksamer Hebel sein, weil niemand im luftleeren Raum agiert. Verhalten reagiert auf Verhalten und bewirkt weiteres Verhalten. Dass der alte Mann sich so schön aufregt, stachelt die Kinder zu immer neuem Spott an, worauf der Mann wieder Anlass hat, sich zu ärgern. Erst als der Alte aus diesem Spiel aussteigt, ändert sich die Situation.

Wann sind Sie das letzte Mal bewusst aus einem Spiel ausgestiegen? Im folgenden Kapitel wird es darum gehen, die eigenen Handlungsmöglichkeiten zu erweitern – öfter mal außenrum zu gehen statt mit dem Kopf durch die Wand. Das Leben ist bunt, jeder ist anders, wie wir im letzten Kapitel gesehen haben. Wer sich auf diesen bunten Zoo einlässt, reduziert nicht nur den eigenen Ärger, er bewirkt oft auch mehr. Bevor ich Ihnen sieben mögliche Strategien verrate, wie Sie anders als bisher mit den Menschen umgehen können, die Sie am liebsten ändern würden, schauen wir uns das Verhaltenspingpong im Alltag etwas genauer an.

Entdecken Sie das Geheimrezept, handeln Sie selbst anders!

Eines gleich vorweg: Es gibt keine einfachen Knöpfe, auf die man drücken kann, um einen anderen »sicher« zu diesem oder jenem Verhalten zu bewegen. Menschen sind glücklicherweise keine Automaten. Und doch zeigt die Erfahrung, dass bestimmte eigene Verhaltensweisen mit einer gewissen Regelmäßigkeit bestimmte

Verhaltensweisen beim Gegenüber »triggern«. So lernen wir, dass Druck oft mit Gegendruck beantwortet wird, ob im Job oder privat. Beispiel: Wir haben einen Kollegen energisch aufgefordert, endlich dieses oder jenes zu tun (»mach mal schneller«), und der revanchiert sich, indem er uns bewusst »auflaufen lässt«, statt sein Verhalten zu ändern. Oder er hebt sich seine Retourkutsche für später auf. Ein anderes Beispiel: Eigentlich lautet die Familienregel »Kein Smartphone am Esstisch«. Doch weil die Tochter oder der Sohn »nur dieses eine Mal bitte ganz dringend eine WhatsApp schreiben« muss, wird eine Ausnahme gemacht. Vielleicht bleibt es bei der Ausnahme. Vielleicht liegt das Telefon aber auch am nächsten Tag wieder neben dem Teller und piept und vibriert vor sich hin. Nachgiebigkeit geht manchmal nach hinten los, nach der sprichwörtlichen Warnung, dass mit dem kleinen Finger oft die ganze Hand genommen wird.

So kann man – wenn auch keine sicheren Regeln – zumindest Verhaltenstendenzen abschätzen: Druck erzeugt oft Gegendruck, Strafe kann Abwehr oder Aggression bewirken, Gewalt Gegengewalt hervorrufen. Vorwürfe können in die Defensive treiben, Verwöhnen kann Ansprüche wecken, Beachtung kann Verhalten verstärken, um nur einige Beispiele zu nennen. Wenn der Klassenclown den Unterricht stört oder das Kita-Kind frisch eben gelernte Schimpfworte ausprobiert, kann ignorieren wirksamer sein als diskutieren. Wohlgemerkt: Es *kann* so sein, sicher ist das nicht.

Druck erzeugt Gegendruck.

Freundlichkeit entwaffnet.

Zum Glück funktioniert die gegenseitige Verhaltensbeeinflussung auch umgekehrt, nämlich auf positive Weise. Freundlichkeit beispielsweise kann entwaffnend sein, gerade wenn jemand anders unter Druck steht und sich rücksichtslos benimmt. Lächeln Sie den Mann, der Sie in der Schlange am Käsestand beim vierten Stück Käse genervt anspricht mit »Dauert das noch lange?!«, freundlich an: »Tut mir leid, wenn Sie es eilig haben. Bin gleich fertig.« Sie nehmen nicht nur dem anderen den Wind aus den Segeln. Sie fühlen sich selbst besser! Sagen Sie einem Griesgram zur Abwechslung mal etwas Nettes, statt sich auf seine Nörgeleien einzulassen. Mancher – wenn auch nicht jeder – ist nach einem Kompliment oder nach einer unerwarteten Geste wie verwandelt.

Was nützt Ihnen diese Erkenntnis, wenn es ohnehin keine »sicheren« Regeln gibt? Zumindest eines ist ziemlich sicher: Es lohnt sich, kurz innezuhalten, bevor man selbst reagiert. Unsere spontane Reaktion (aus dem Ärger, der Ungeduld oder auch der Sorge heraus) bewirkt oft das Gegenteil von dem, was wir eigentlich wollen: Die oder der andere verschließt sich oder schlägt verbal zurück. Handeln auf Autopilot zahlt sich nicht aus, wenn es wirklich darum geht, ein Ziel zu erreichen, und nicht vorrangig darum, einfach mal Dampf abzulassen. Wenn Sie Ihr Gegenüber etwas näher kennen, können Sie vermutlich ganz gut abschätzen, was unter sachlichem Gesichtspunkt die klügste Vorgehensweise wäre. Der Kollege, der schnell beleidigt ist, reagiert auf eine höfliche Bitte vermutlich eher als auf Druck. Und die dominante

Kollegin, die Deadlines gerne verstreichen lässt, bekommen Sie mit einer frühzeitigen und sachlichen Nachfrage vielleicht besser auf Ihre Seite als mit Vorwürfen und einem Ultimatum in letzter Minute. Machen Sie es wie der Mann in der Eingangsgeschichte, der die Kinder überlistet, und ersetzen Sie in heiklen Situationen spontane Reflexe durch Strategie!

Hier greift das WEWAW-Modell, das ich Ihnen im ersten Kapitel vorgestellt habe (vgl. Abschnitt »Der Blick in den Spiegel«): Sie bauen eine kleine Bremse zwischen Be**W**ertung und **A**ktion ein, indem Sie die Aus**W**irkung Ihres Handels bedenken. Anders ausgedrückt: Sie schaffen sich bewusst ein Fenster zwischen Reiz und Reaktion. Das gelingt einem nicht immer, aber umso leichter, je öfter man es übt.

Noch ein Tipp: Wenn Sie mit einem Verhalten konfrontiert werden, dass Sie spontan derart wütend oder sprachlos macht, dass Sie gar nicht wissen, wie Sie reagieren sollen, sagen Sie erst mal – nichts. Vielleicht kommen Sie hinterher ja zu dem Schluss, dass es klüger ist, die Angelegenheit zu ignorieren. Oder Sie entschließen sich, anders zu handeln, als Sie es im ersten Moment getan hätten. Verschaffen Sie sich Zeit, schon wenige Sekunden können Wunder bewirken! Dazu reicht ein »Du, darüber muss ich erst mal nachdenken« oder auch eine kurze Pause, in der nicht gesprochen wird (das fühlt sich für die Schweigenden oft schlimmer an als für die Person, die das Schweigen empfängt). Solange Sie nicht

Die erstbeste Reaktion ist nur die erste, selten die beste!

reflexhaft zurückschlagen, machen Sie sehr wahrscheinlich auch nichts Falsches.

Damit sind wir schon bei den Alltagsstrategien für das »Ändern« anderer. Dabei hat sich das Blickfeld gerade entscheidend erweitert vom unreflektierten Wunsch, »der andere« möge dieses oder jenes tun oder lassen, zu mir selbst, *meiner* Spontanreaktion (»Autopilot«) und *meinen* Handlungsmöglichkeiten. Und damit auch zu *meiner* Verantwortung im Miteinander. Sobald ich den Autopiloten ausschalte und überlege, wie ich mein Ziel auf klügere Weise erreiche, steigen meine Erfolgschancen. Die Schlüsselfrage lautet: Wie kann ich mein Verhalten so ändern, dass der oder die andere mit höherer Wahrscheinlichkeit auf meine Wünsche eingeht? Ich kann einen anderen nicht ändern, aber ich kann ihr oder ihm selbst ein anderes Verhaltensangebot machen, mit der Folge, dass sie/er sich – vielleicht – *selbst* bewegt. Das ist das Geheimrezept. Eigentlich einfach, wenn auch nicht immer leicht umzusetzen.

Sie können so handeln, dass sie/er sich (vielleicht) selbst bewegt.

Eine Bekannte war völlig verzweifelt: Die 15-jährige Tochter, bis dahin ein wahres Musterkind, hatte sich binnen weniger Wochen radikal verändert. Sie trug nicht nur verbotenerweise ein Nasenpiercing und grüne Strähnen im Haar, ihre Noten waren plötzlich miserabel. Dabei war Jule früher eine der Besten in der Klasse gewesen. Neuerdings verbarrikadierte sie sich in ihrem Zimmer, hörte ohrenbetäubend laut »schreckliche« Musik und brachte »merkwürdige« Freunde mit nach Hause. Jedes Mal, wenn ich meine Bekannte traf, hörte ich neue Jule-Geschichten. Jule war total betrunken und musste mit einer Alkoholvergiftung ins Krankenhaus. Jule hatte ihren superteuren Lederrucksack verschenkt, einfach so. Jules Versetzung war gefährdet. Jule weigerte sich, weiter Klavier zu üben. Ob Jule Drogen nimmt? Der vorläufige Höhepunkt: Jule wollte die Schule schmeißen, ausziehen und eine Tischlerlehre machen. Jules Mutter hatte bis dahin alles Mögliche versucht: Hausarrest und Partyverbot, Taschengeldkürzung und Belohnungsangebote, Bitten und Drohungen. Jetzt reagierte sie anders und nahm ihre Tochter beim Wort: »Gut, wenn es das ist, was du wirklich möchtest, unterstützen wir dich dabei und du kannst ausziehen, sobald du 16 bist. Am besten, du schaust dich schon mal nach einem Zimmer um. Wir können dir 500 Euro im Monat geben, bis du die Ausbildung beginnst. Davon müsstest du dann neben der Miete auch Essen, Kleidung usw. finanzieren. Willst du dich gleich bewerben oder lieber erst ein Praktikum machen?« Jule war erkennbar konsterniert. Nach der Besichtigung einiger möblierter Zimmer und einer Schnupperwoche in der Tischlerwerkstatt verlief der Plan im Sande. Heute wohnt Jule immer noch zu Hause, die Reibereien halten sich in Grenzen und sie steuert auf ihr Abi zu, das sie sehr wahrscheinlich mit passablem Durchschnitt bestehen wird.

Auch wenn ich selbst keine Kinder habe, kann ich die Sorge meiner Bekannten gut verstehen – zumal ich selbst eine fies pubertierende Tochter war, die Jule in vielen Zügen ähnelte (an dieser Stelle einen Dank an meine Mutter, die diese anstrengende Phase mit mir durchgestanden hat)! Eltern pubertierender Kinder können solche Sorgen wahrscheinlich noch sehr viel besser nachvollziehen. Gleichzeitig bewundere ich die Klugheit von Jules

Mutter, die irgendwann erkannte, dass sie mit den üblichen Mitteln nicht weiterkam, und eine neue Herangehensweise probierte. Natürlich gab es auch hier keine Erfolgsgarantie. Aber was wäre die Alternative gewesen? Den Konflikt weiter eskalieren zu lassen, mit schwer vorhersehbaren Folgen? Wenn man immer wieder erfährt, dass etwas *nicht* funktioniert, ist das ein starkes Argument dafür, etwas Neues zu versuchen. Anders formuliert: Immer wieder dasselbe zu tun und andere Ergebnisse zu erwarten, ist schlicht Wahnsinn – für mich ein kluger Hinweis, auch wenn er nicht (wie oft behauptet) von Albert Einstein stammt.

Es funktioniert nicht? Versuchen Sie was Neues!

Blicken Sie hinter die Kulissen, reagieren Sie klüger!

Der Milliardär John D. Rockefeller soll gesagt haben, für die Fähigkeit, Menschen richtig zu behandeln, zahle er mehr als für jede andere Fähigkeit unter der Sonne. Ich denke, er hat recht: Erfolgreiche Ausbilderinnen und Ausbilder, Führungskräfte oder auch Verkäuferinnen und Verkäufer zeichnen sich eher durch Menschenkenntnis und Empathie aus als durch fachliche Brillanz. Doch wie behandelt man andere »richtig«? Menschen sind komplex, wie wir im Kapitel 2 unter dem Stichwort »Persönlichkeit« gesehen haben. Es ist daher nicht leicht, im Alltag den Überblick zu behalten und mit verschiedenen Charakteren zurechtzukommen. Aus diesem Grund möchte ich Ihnen ein Modell vorstellen, das unseren Blick auf die »Mechanik« menschlicher Interaktion noch weiter schärft. Dieses Modell ist nicht neu. Es stammt aus der Transaktionsanalyse, die schon in den Sechzigerjahren von US-Psychologen wie Eric Berne und Thomas A. Harris entwickelt wurde. Ihren Ansatz zu kennen lohnt sich, denn dieser hat bis heute nichts von seiner alltagspraktischen Relevanz verloren.

Unter einer »Transaktion« verstehen Berne und Harris das Verhalten eines Menschen (den »Reiz«) sowie die Reaktion eines anderen Menschen, die auf diesen Reiz erfolgt. Nehmen wir folgenden Wortwechsel:

Person 1: *»Immer kommst du zu spät. Es ist schon Viertel nach. Verabredet waren wir um sieben. Du kannst dich einfach nicht organisieren!«*

Person 2: *»Dann können wir es auch gleich lassen! Jetzt habe ich sowieso keine Lust mehr auf Kino!«*

Vielleicht haben Sie bei der Antwort von Person 2 spontan gedacht: Meine Güte, wie kindisch! In der Tat wirkt die Entgegnung wie eine kindliche Trotzreaktion. Aus Person 1 dagegen spricht eher der strenge Oberlehrer oder ein mahnender Elternteil. Viele Menschen empfinden diesen Tonfall als herablassend und reagieren sehr empfindlich darauf. Vertreter der Transaktionsanalyse würden sagen: Person 1 spricht im »Eltern-Ich«, Person 2 antwortet aus ihrem »Kind-Ich« heraus. Wie hätte Person 2 stattdessen reagieren können? Beispielsweise so:

Person 2: *»Es tut mir leid, dass ich dich warten ließ. Ich bin im Büro aufgehalten worden und habe zu spät auf die Uhr gesehen. Entschuldige bitte!«*

Das wäre eine sachliche Antwort aus dem reflektierten »Erwachsenen-Ich« heraus, eine Reaktion, die die Tatsachen anerkennt, statt hochemotional zurückzuschlagen. Spannend ist, ob Person 1 dann im Eltern-Ich bleibt *(»Wenn man Termine macht, sollte man doch wohl die Uhr im Auge behalten!«)* oder ob auch der erste Sprecher sein Erwachsenen-Ich aktiviert, etwa so:

Person 1: *»Okay, Entschuldigung angenommen. Lass uns reingehen. Wenn wir Glück haben, läuft noch die Werbung.«*

Welches Ich spricht eigentlich, wenn Sie sprechen?

Manche Menschen agieren vorzugsweise aus einem der drei Ich-Zustände heraus, meist aus dem Eltern- oder aus dem Kind-Ich. Die erste Gruppe tendiert dazu, ihre Umgebung zu belehren und zu bewerten: *»Hier dürfen Sie aber nicht parken!«, »Der Sohn von Müllers sollte mal was Anständiges lernen«* oder *»Wie kann man nur so rumlaufen, das gehört sich einfach nicht!«*. Die Vertreter der zweiten sind manchmal herrlich albern, können aber auch ganz schön anstrengend sein: *»Ach komm, lass uns heute einen draufmachen!«, »Ich habe jetzt aber keine Lust auf Steuererklärung«* oder *»Mit dir rede ich gar nicht mehr!«*. Komplett »erwachsene« Menschen (also aus dem Erwachsenen-Ich agierende) sind wohl eher selten (und wären in ihrer wohltemperierten Art auf Dauer auch etwas langweilig).

Meistens ist es gar nicht schwer, den jeweiligen Ich-Zustand zu erkennen, in dem ein anderer sich gerade befindet. Dafür gibt es sowohl sprachliche wie auch nichtsprachliche Signale wie Tonfall, Gestik, Mimik.[8]

Das Eltern-Ich

Verbale Signale (Beispiele)	*Nonverbale Signale (Beispiele)*
»Das solltest du lieber nicht machen!«	Stirnrunzeln
»Das gehört sich nicht.«	Erhobener Zeigefinger
»Das ist doch lächerlich!«	Resigniertes Seufzen
»Wenn ich du wäre ...«	Schneidende Stimme
»Ich rate dir dringend ...«	Verschränkte Arme
»Du darfst nie vergessen ...«	Arme in die Seite gestemmt
»Ich habe dir schon hundertmal gesagt ...«	Übertrieben geduldige Erklärung
»Wie kannst du mir das antun?«	
»Was fällt Ihnen ein?!«	
»Hochmut kommt vor dem Fall.«	
»Ich meine es doch nur gut.«	
Pauschale Vorwürfe: »Immer machst du ...« »Nie kann ich mich auf dich verlassen.«	

Für Harris und seine Kollegen ist das Eltern-Ich der Speicher aller Lebensregeln, Glaubenssätze und elterlichen Ermahnungen, denen ein Kind in den ersten Lebensjahren ausgesetzt ist und die es ungeprüft übernimmt. Sie prägen uns noch als Erwachsene, auch dann noch, wenn wir bei rationaler Überlegung zu dem Schluss kommen, dass manche dieser Regeln längst überholt oder falsch sind. Wenn Sie sich selbst bei einem Spruch ertappen, den Sie früher oft zu hören bekamen und als Jugendlicher ätzend fanden, zeigt sich die prägende Macht unserer frühen Sozialisation. Das Eltern-Ich klingt fürsorglich, mahnend oder anklagend.

Das Kind-Ich

Verbale Signale (Beispiele)	*Nonverbale Signale (Beispiele)*
»Ich will aber ...«	Weinerliche Stimme
»Ist mir doch egal!«	Augenrollen
»Immer bin ich schuld.«	Betteln
»Du magst mich nicht!«	Schmollen
»Das macht aber keinen Spaß!«	Wutausbruch
»Mit dir rede ich nie wieder.«	Kichern, Lachen
»Komm, lass uns einfach ...«	Achselzucken
»Sei doch nicht so langweilig!«	
»Das ist total ungerecht!«	

Das Kind-Ich agiert und reagiert gefühlsbetont, spontan, trotzig, aber auch verspielt und kreativ. Vertreter der Transaktionsanalyse sehen darin die Aufzeichnung der inneren Zustände des kleinen Kindes, das sich oft hilflos fühlt und den Regeln und Ermahnungen der Erwachsenen folgen muss.

Das Erwachsenen-Ich

Verbale Signale (Beispiele)	*Nonverbale Signale (Beispiele)*
Fragen wie »Warum?«, »Wann?«, »Wie?«, »Was genau?«	Ruhige Stimme
»Ich denke ...«	Blickkontakt
»Ich meine ...«	Aktives Zuhören
»Darf ich was dazu sagen?«	Interesse an der Position des anderen signalisieren
»Möchtest du meine Meinung dazu hören?«	Geduldiges Abwarten
»Was hältst du davon, wenn ...?«	
»Nüchtern betrachtet ...«	
»Meine Erfahrung ist ...«	
»Objektiv gesehen ...«	
»Lass uns das in Ruhe besprechen.«	

Das Erwachsenen-Ich ist, vereinfacht gesagt, die sachliche Stimme der Vernunft. Es entwickelt sich später als die anderen Ich-Formen – erst von dem Moment an, in dem ein Mensch fähig ist, Annahmen zu überprüfen, sich selbst Informationen zu beschaffen und bewusst und reflektiert Entscheidungen zu treffen. Das Erwachsenen-Ich ist in der Lage, die Aussagen des Erwachsenen- und des Kind-Ich kritisch zu hinterfragen.

Ich werde die Transaktionsanalyse hier nicht in allen Verästelungen vorstellen, und manche ihrer neurobiologischen Grundannahmen werden von der modernen Hirnforschung kritisch betrachtet. Doch die drei Ich-Zustände kennen wir alle, in uns selbst und bei anderen. Bemerkenswert ist dabei, wie wirksam gerade die nonverbalen Signale sind. Probieren Sie es einmal aus: Ein simpler Zwei-Wörter-Satz wie »Ich warte« lässt sich nur durch Stimme und Betonung aus dem Kind-Ich, dem Eltern-Ich oder dem Erwachsenen-Ich heraus senden: »Ich warte!!!« (weinerlich-trotzig), »Ich warte!« (mahnend-ungeduldig) oder »Ich warte« (sachliche Mitteilung).

Die Auseinandersetzung mit den Ich-Zuständen ist deshalb nützlich, weil man dadurch leichter versteht, warum sich Gespräche manchmal so unglücklich hochschaukeln und warum die eigenen Appelle am Gegenüber häufig wirkungslos abprallen:

- Wer im Eltern-Ich spricht, muss damit rechnen, dass sein Gegenüber ins trotzige Kind-Ich verfällt.
- Wer im Kind-Ich agiert, geht das Risiko ein, nicht ernst genommen zu werden und das Eltern-Ich des anderen hervorzulocken.
- Wer nonverbale Signale übersieht, verkennt möglicherweise den Ich-Zustand seines Gegenübers.

Dagegen gilt:

- Wer den »Lieblings-Ich-Zustand« einer Person kennt, kann sich vor einem Gespräch wappnen und klüger reagieren.
- Wer es schafft, auf der Ebene des Erwachsenen-Ichs zu

reagieren, verhindert am ehesten, dass Gespräche sich hochschaukeln.

Reiz und Reaktion greifen wie Zahnräder ineinander.

Interessant ist insbesondere der letzte Punkt. Oft entwickelt sich in Gesprächen eine unglückliche Dynamik. Hinterher reibt man sich verwundert die Augen und fragt sich, wie es so weit kommen konnte und warum trotz guter Absichten hinterher alles noch schlimmer ist als vorher. Eine Ursache ist, dass »komplementäre« Ich-Zustände ineinandergreifen wie Zahnräder. Ein Beispiel:

Sie: *»Musst du eigentlich deine Klamotten immer überall rumliegen lassen?«* (Eltern-Ich)

Er: *»Du solltest deine schlechte Laune nicht an mir auslassen!«* (Eltern-Ich)

Sie: *»Ach, jetzt bin ich auch noch schuld daran, dass du nicht aufräumst?!«* (Kind-Ich)

Er: *»Nein, aber du kannst einem wirklich jeden Spaß verderben. Nie kann ich in Ruhe Sport gucken!«* (Kind-Ich)

Wenn Sie ernsthaft etwas klären oder das Gegenüber zu einer Verhaltensänderung veranlassen wollen, sind Eltern-Ich und Kind-Ich schlechte Ratgeber. Die Gefahr ist groß, dass der andere entweder auf dieselbe Ebene geht oder aber ins Gegenmuster schlüpft (auf das Eltern-Ich mit Trotz, auf das Kind-Ich mit Belehrungen reagiert). Der Ausweg aus diesem Dilemma ist der hartnäckige Wechsel ins Erwachsenen-Ich, beispielsweise ...

Sie: *»Musst du eigentlich deine Klamotten immer überall rumliegen lassen?«* (Eltern-Ich)

Er: *»Ich schau mir gerade ein Handballspiel an. Sobald das vorbei ist, räume ich das weg.«* (Erwachsenen-Ich)

Oder:

Sie: *»Könntest du bitte deine Klamotten wegräumen?«* (Erwachsenen-Ich)

Er: *»Du solltest deine schlechte Laune nicht an mir auslassen!«* (Eltern-Ich)

Sie: *»Ich bin nicht schlecht drauf. Ich erinnere dich nur an unsere Abmachung.«* (Erwachsenen-Ich)

Harris geht davon aus, dass die Ich-Zustände mit bestimmten Lebensanschauungen korrelieren, die er ebenfalls in griffige Formeln packt: »Ich bin o. k.«, »Ich bin nicht o. k.«, »Du bist o. k.« und »Du bist nicht o. k.«. Die Formel »Ich bin nicht o. k.« beschreibt dabei die Ausgangssituation des hilflosen Kindes, das je nach den gemachten Erfahrungen seine Umwelt als »o. k.« oder »nicht o. k.« einstuft und seine empfundene Unzulänglichkeit überwindet oder eben nicht. Im reifen Erwachsenen-Zustand handeln wir hoffentlich überwiegend nach der Maxime »Ich bin o. k. – Du bist o. k.« (so auch der Titel von Harris' Buch, das ich jedem ans Herz lege, der sich tiefer mit den Ich-Zuständen auseinandersetzen möchte). Das heißt: Wir respektieren unser Gegenüber und versuchen konstruktiv mit ihr oder ihm umzugehen, auch wenn wir anderer Meinung sind. Gleichzeitig sind wir sensibel für unsere eigenen Bedürfnisse und selbstfürsorglich. Wir schaffen es, in heiklen Situationen aus dem Erwachsenen-Ich heraus zu handeln. Niemandem gelingt das immer. Aber zu wissen, dass – und wie – es geht, macht das Leben leichter.

Letztlich ist die Transaktionsanalyse eine Aufforderung, die eigenen Worte manchmal etwas sorgfältiger abzuwägen und nicht auf jede tatsächliche oder auch nur empfundene Provokation eines anderen anzuspringen. Gleichzeitig hilft sie dabei, zu verstehen, warum man selbst oder ein anderer manchmal so empfindlich reagiert. Das macht das Modell so schön alltagstauglich. Oft geht es bei den Ärgernissen des Alltags ziemlich schnell nicht mehr um die Sache als solche, sondern darum, wer was auf welche Weise gesagt und den anderen dadurch verärgert hat. Wir reagieren instinktiv auf nonverbale Signale wie Stimme, Tonfall, Mimik und Gestik. »Da ist es wieder!«, sagt beispielsweise mein Mann zu mir, wenn ich den Mund auf eine Art verziehe, die er als herablassend (typisch Eltern-Ich!) empfindet. Ich zähle dann innerlich bis drei und versuche, mein Anliegen sachlich zu formulieren und meine Mundwinkel besser zu kontrollieren. Ich versichere Ihnen: Das lohnt sich!

Selbstrespekt und Respekt vor dem anderen. Auch bei Differenzen.

Gehen Sie außen rum statt mit dem Kopf durch die Wand: 7 Tipps

Wenn Sie mir bis hierhin gefolgt sind, ahnen Sie es schon: Ihre Welt wird sich nur ändern, wenn Sie selbst bereit sind, gelegentlich eingefahrene Gleise zu verlassen. Einen Fahrplan dafür gibt es auf den folgenden Seiten, mit sieben möglichen Wegen zu mehr Gelassenheit im Alltag.

Tipp 1: Der Brillentausch
Die Welt durch die Brille des anderen sehen

Stellen Sie sich vor, Sie machen Urlaub in Vietnam. Bei einer Wanderung verlieren Sie Ihre Gruppe und verirren sich im Hochland. Glücklicherweise stoßen Sie nach zwei Tagen auf ein paar Einheimische, die Sie vor dem Verdursten bewahren und mit in ihr Dorf nehmen. Dort werden Sie sich vermutlich ganz automatisch Fragen stellen wie die folgenden: »Welche Regeln gelten hier?« »Wie muss ich mich verhalten, um mit diesen Menschen klarzukommen?« »Was erwarten die von mir?« Sehr wahrscheinlich werden einige Verhaltensweisen Sie überraschen, andere Sie befremden. Sie werden kaum mit Ärger darauf reagieren, sondern sich sagen: Diese Menschen ticken eben anders. So funktioniert ihre Welt.

Wenn Sie in eine neue Nachbarschaft ziehen oder eine Stelle in einer neuen Firma antreten, sind die Voraussetzungen gar nicht so viel anders. Sie betreten eine neue Welt, von der Sie genau genommen nicht wissen können, wie stark sich die Spielregeln mit denen Ihrer bisherigen Welt überschneiden. Gut, die Unterschiede werden nicht so groß sein wie zum Leben im vietnamesischen Dorf. Aber Unterschiede wird es geben. Unser großer Irrtum besteht darin, zu glauben, hier werde alles so sein, wie wir es bisher gewöhnt sind. Es sieht ja auch alles ähnlich aus. Keine exotische Landschaft erinnert uns daran, dass wir eine fremde Welt betreten haben. Dabei stellen die meisten Menschen nach wenigen Wochen in einer neuen Firma (oft wortwörtlich) fest: »Dies hier ist eine andere Welt« – und zwar auch dann, wenn sie einer Branche und Firmengröße treu geblieben sind. Welche Abteilung wichtig ist, was als angemessenes Auftreten gilt, wie Kolleginnen und Kollegen miteinander umgehen, überall lauern Überraschungen. Was in der einen Firma »normal« war, kann in der anderen Firma ganz anders sein, gilt dort aber ebenfalls als völlig »normal«.

Jeder sieht die Welt so wie wir? Ein fataler Irrtum!

Auch im Umgang mit einzelnen anderen machen wir immer wieder die Erfahrung, dass es unterschiedliche Meinungen dazu gibt, was »normal«, »richtig« oder üblich ist. Das gilt sogar in der Partnerschaft, wo man den anderen doch eigentlich gut zu kennen glaubt. Ich habe mich beispielsweise lange Zeit darüber gewundert, dass mein Mann mir niemals Blumen schenkte. Als ich das irgendwann ansprach, stellte sich heraus, dass in seiner Familie Blumen das typische Versöhnungssignal nach einer Auseinandersetzung waren, man verschenkte sie nach einem Streit, um »Entschuldigung« zu sagen. In seiner Wahrnehmung galt daher: Wo kein Streit, da kein

Anlass für Blumen. In meiner Familie dagegen waren Blumen einfach eine wertschätzende Geste und ein völlig unverfängliches Geschenk. Seit mein Mann das weiß und auch, wie sehr ich Blumen liebe, passiert hin und wieder etwas für mich total Schönes: Er schenkt mir Blumen! Hätte ich ihn nicht nach dem Warum gefragt, würden wir bis heute mit einem Missverständnis leben.

Was wir für normal halten, unsere »Wirklichkeit«, ist also das Ergebnis unserer individuellen Wahrnehmung und Interpretation. Diese Deutung wird mitbestimmt von unserer Persönlichkeit – unseren Prägungen, Erfahrungen und Glaubenssätzen. Wer beispielsweise meint, »die Welt ist schlecht« und man könne gar nicht vorsichtig genug sein, wird in dieser Haltung vermutlich ebenso bestätigt werden wie ein optimistischerer Zeitgenosse mit positivem Menschenbild. Schon die Wahl der aufmerksam studierten Zeitungsmeldungen oder sozialen Medien wird entsprechend ausfallen. Unsere Einstellungen beeinflussen unsere Wahrnehmung, und unsere selektive Wahrnehmung wiederum wirkt zurück auf unsere Einstellung. Wir sehen das, worauf wir unseren Fokus lenken. Und dadurch übersehen wir so viel! Gleichzeitig prägt unsere Einstellung unser Verhalten, und dieses Verhalten wiederum hat Auswirkungen darauf, wie andere Menschen auf uns reagieren.

Wie unterschiedlich Weltbilder sein können, lässt sich im Alltag zum Beispiel beim Einkaufen beobachten. Ob beim Bäcker oder im Textilgeschäft, überall scheint es viele durchschnittliche Verkäuferinnen und Verkäufer zu geben, wenige sehr unfreundliche und einige au-

ßergewöhnlich nette und aufmerksame. Die Unfreundlichen grüßen kaum, erklären nur das Nötigste und sehnen augenscheinlich schon am Vormittag den Feierabend herbei. Die Außergewöhnlichen gehen auf ihre Kunden zu, interessieren sich für deren Anliegen und geben sich erkennbar Mühe bei der Beratung. Ich bin mir ziemlich sicher: In ihrer Eigenwahrnehmung haben die ersten nur nervige und die zweiten fast nur nette Kundinnen und Kunden … In der ersten Welt wird Verkaufen als schrecklich wahrgenommen, in der zweiten Welt ist es ein schöner Beruf. Offenbar hat Pippi Langstrumpf recht: Wir selbst machen uns die Welt, wie sie uns gefällt!

Jeder lebt in seiner eigenen Welt.

In der Philosophie sind es die kognitiven Konstruktivisten, die die Existenz einer objektiven Wirklichkeit anzweifeln und betonen, dass jeder seine eigene Weltdeutung schafft (»konstruiert«). Einer ihrer Hauptvertreter ist der 2007 verstorbene Paul Watzlawick, der mit Büchern wie »Anleitung zum Unglücklichsein« oder »Wie wirklich ist die Wirklichkeit?« berühmt wurde. Wenn er recht hat und wir alle bis zu einem gewissen Grad in unserer eigenen Welt leben, sollten wir etwas vorsichtiger mit unseren Urteilen über andere und unseren Änderungswünschen an sie sein. Was für uns ohne jeden Zweifel wichtig oder richtig ist, muss es für eine andere, einen anderen noch lange nicht sein. Denken Sie an Julia und Max im letzten Kapitel: Zwei Generationen, zwei Elternhäuser mit unterschiedlichen Wertvorstellungen, zwei ganz verschiedene Erfahrungshorizonte – es wäre schon erstaunlich, wenn sie den Arbeitsalltag nicht durch ihre jeweils eigene Brille betrachteten. Machen wir uns das bewusst und versuchen wir, die Welt einmal durch die Brille des anderen zu sehen! Dazu können Sie sich folgende Fragen stellen:

1) Aus welcher Lebenswelt kommt mein Gegenüber?
2) Welche Erfahrungen hat sie oder er im Unterschied zu mir wahrscheinlich gemacht?
3) Welche Motive, Werte, Bedürfnisse sprechen aus ihrem oder seinem Verhalten?
4) Welchen Vorteil könnte sie oder er sich von diesem Verhalten versprechen?

Menschen haben gute Gründe für ihr Verhalten.

Gehen wir davon aus, dass Menschen in der Regel gute Gründe dafür haben, sich so zu verhalten, wie sie sich verhalten. Sonst würden sie es ja nicht tun. Innerhalb ihres eigenen Systems ist ihr Verhalten völlig plausibel. Bevor wir ihnen irgendwelche Absichten unterstellen, tun wir gut daran, uns erst einmal für ihre Gründe und Sichtweise zu interessieren. Womit wir schon bei der nächsten Strategie wären.

Tipp 2: Die Zauberfrage »Was hat dich bewogen ...?« statt »Wie konntest du nur?!«

Zwei Schwestern streiten sich um eine Orange. Nach einigem Hin und Her nimmt die Mutter ein Messer, schneidet die Orange durch und gibt jeder Schwester eine Hälfte. Wirklich zufrieden ist keine der beiden: Die eine presst ihre Hälfte aus, trinkt den Saft und wirft die

Schale fort. Die andere will einen Kuchen backen, reibt die Schale ab und kann mit dem Fruchtfleisch nichts anfangen. Hätte sich jemand für die Gründe der Schwestern interessiert, hätte man eine für beide Seiten optimale Lösung erzielen könne. Die eine hätte die Schale, die andere den Saft bekommen. Doch die Frage nach dem Warum hat niemand gestellt. Wie schade!

Diese Geschichte wird meist dem Autorenduo Fisher/Ury und ihrem Verhandlungsbuch »Das Harvard-Konzept« zugeschrieben, die eigentliche Quelle ist jedoch unbekannt und die Geschichte vermutlich viel älter.[9] Zugegeben: Sie beschreibt eine idealtypische und konstruierte Situation. Einprägsam ist die Story dennoch; vielleicht, weil wir uns insgeheim ertappt fühlen. Wie oft streiten wir selbst um Positionen, interessieren uns aber herzlich wenig für die dahinterstehenden Beweggründe des anderen? Wie häufig haben wir unsere Urteile schon gefällt, ohne dem Gegenüber Raum für Erklärungen zu geben? Und wie oft meinen wir, genau zu wissen, was los ist, um anschließend eines Besseren belehrt zu werden?

Oft vergessen wir, nach dem Warum zu fragen.

Die Frage nach dem Warum tritt im Eifer eines Wortgefechtes häufig in den Hintergrund. Als ich mich vor einigen Jahren selbstständig machte und dafür meinen Job in einer angesehenen Personalberatung kündigte, hatten viele Menschen in meinem Umfeld sofort eine Meinung dazu: »Wie kann man nur so einen tollen und sicheren Job aufgeben?« »Der Coachingmarkt ist doch schon dicht besetzt, wie willst du dich da durchsetzen?

Noch dazu in deinem jungen Alter!« »Aber du bist doch in einer super Firma!« Nach den wirklichen Gründen für meine Entscheidung fragte kaum jemand. Hätte sich irgendjemand dafür interessiert, hätte ich erläutern können, dass ich keine »Weg-von-«, sondern eine »Hin-zu-Entscheidung« getroffen hatte – also das bisherige Unternehmen nicht aus Frust verließ, sondern einfach etwas machen wollte, was mich noch mehr reizte und was noch besser zu dem passte, was ich mir für mein persönliches Lebensglück vorstellte (womit ich – bis jetzt zumindest – recht behalten sollte).

Die Qualität der Frage bestimmt die Qualität der Antwort.

Beim Nachfragen bestimmt die Qualität der Frage die Qualität der Antwort, die wir erwarten dürfen. Auf ein unwirsches oder vorwurfsvolles »Warum machst du das?« oder »Warum ist dir das so wichtig?« bekommen wir sehr wahrscheinlich eine patzige Antwort, über die der Adressat kaum länger nachgedacht hat. Kommunikationsexperten wie der Psychologe Andreas Patrzek warnen, dass eine knappe Warum-Frage das Gegenüber unter Rechtfertigungszwang setzen und daher Abwehr und Ausreden provozieren könne. Er empfiehlt, stattdessen so zu fragen, dass der andere tatsächlich ein wertschätzendes Interesse und grundsätzlichen Respekt für seine Haltung spürt.[10] Beispielfragen:

- *»Du hast dir das sicher gut überlegt. Ich bin neugierig: Was ist der Grund dafür, dass …?«*
- *»Was hat dich bewogen, so vorzugehen?«*

- *»Ich möchte gern verstehen, wie es dazu gekommen ist. Weshalb ist dir das so wichtig?«*
- *»Was sind die Hintergründe für diese Einschätzung?«*
- *»Da sind wir offenbar völlig unterschiedlicher Meinung. Magst du mir deinen Standpunkt etwas näher erläutern?«*

Fragen wie diese nehmen das Gegenüber ernst und geben ihm Raum, sich zu erklären. Auch Tonfall und Mimik sollten eher ein Verstehenwollen vermitteln, als dem anderen die Pistole auf die Brust zu setzen. Vertreter der Transaktionsanalyse würden sagen: In der Frage sollte die Haltung »Ich bin o. k. – du bist o. k.« mitschwingen. In dieser Haltung ist keine Meinung oder Entscheidung wichtiger oder richtiger als die andere. Beide sind »o. k.«: deine wie meine. Und nein, ich muss nicht automatisch die Meinung des anderen annehmen oder sie für gut befinden, aber ich toleriere eine Meinung, die anders ist als meine. Damit verlagert sich das Gespräch auf die Sachebene, und das eröffnet die Möglichkeit gegenseitigen Verstehens. Das wiederum ist die Basis für eine auf Augenhöhe stattfindende Beziehung und/oder Kommunikation. So kann man sich einfacher annähern und Kompromisse schließen. Zumindest aber kann man eine andere Haltung leichter tolerieren, wenn man die Beweggründe dafür kennt.

Ihre Bewertung verändert sich. Sie erfahren vielleicht, dass eine ängstliche Kollegin am vorigen Arbeitsplatz gemobbt wurde und sich deshalb nicht traut, für ihre Meinung einzutreten. Oder Sie verstehen plötzlich, warum Ihr Schwiegervater so rechthaberisch auftritt, weil Sie sich für seine Familiengeschichte interessiert haben. Sie müssen ein Verhalten deswegen nicht gut finden, aber Sie können es einordnen und gelassener damit umgehen. Fragen, die Sie sich in diesem Zusammenhang stellen können, bevor Sie Ihr Gegenüber kritisieren:

1) Kenne ich wirklich alle Fakten, um mir ein abschließendes Urteil zu erlauben?
2) Habe ich offen und ohne Vorwurf nachgefragt?
3) Will ich wirklich »das Beste« für mein Gegenüber oder geht es mir vorrangig darum, recht zu behalten?

Tipp 3: Die Pinguin-Strategie
Werfe ich dem Pinguin vor, dass er nicht klettert?

»Wenn du als Pinguin geboren wurdest, machen auch sieben Jahre Psychotherapie aus dir keine Giraffe«, warnt Eckart von Hirschhausen in der »Pinguin-Geschichte« auf seiner Website.[11] *Anlass für die Geschichte, die sich wirklich zu lesen lohnt, war ein Zoo-Erlebnis Hirschhausens: Auf seinen Felsen wirkt der Pinguin unbeholfen und wie eine Fehlkonstruktion. Erst als er ins Wasser springt, offenbart sich seine Eleganz und rasante Schnelligkeit. In seinem Element ist der Pinguin eine beeindruckende Erscheinung. Hirschhausen nimmt das zum Anlass, seine Leserinnen und Leser zu ermuntern, ihre Stärken auszuleben – sich ihr wahres Element zu suchen –, statt mit ihren Schwächen zu hadern.*

Im wahren Leben kämpfen wir nicht nur mit unseren eigenen Schwächen oder Eigenheiten, viele von uns werfen noch lieber anderen die ihren vor (oder das, was sie dafür halten). Wann haben Sie das letzte Mal zu jemandem gesagt: *»Sei doch nicht immer so … (ängstlich/forsch/leichtsinnig/unaufmerksam/gutgläubig etc.)!«*? Häufig handelt es sich bei den kritisierten Eigenschaften um solche, die tief in der Persönlichkeit verwurzelt und zum Teil genetisch bedingt sind. Einem zurückhaltenden und ruhigen (introvertierten) Menschen vorzuwerfen: *»Mit dir kann man wirklich keinen draufmachen! Warum stürzt du dich nicht einfach mal ins Partygetümmel?«*, ist ungefähr so schlau, wie einem Pinguin kluge Tipps zur Verbesserung seiner Klettertechnik zu erteilen. Ziehen Sie lieber die Bewertungsbremse. Bevor Sie sich ärgern oder eine unbedachte Bemerkung machen, könnten Sie sich beispielsweise fragen:

Ziehen Sie die Bewertungsbremse!

1) Warum macht die oder der andere das so?
2) Warum stört mich das?
3) Bin ich gerade gerecht?

Und, last but not least:

4) Was ist eigentlich das Gute an dieser Eigenschaft der Person, die ich gerade kritisieren möchte?

Häufig verdrängen wir, dass fast jeder Charakterzug und beinahe jede Vorliebe auch gute Seiten hat. Der introvertierte Freund ist ein klasse Zuhörer. Die forsche Kollegin macht sich erfolgreich für Mitarbeiterinteressen stark, auch da, wo andere längst eingeknickt sind. Der gutgläubige Nachbar ist wunderbar hilfsbereit. Rufen Sie sich wieder in Erinnerung, wozu etwas gut ist, bevor Sie sich ärgern oder urteilen.

Unser Ärger sagt viel über uns selbst aus.

Gehen Sie sogar noch einen Schritt weiter: Was können Sie von einer Person lernen, die Ihnen spontan gehörig auf die Nerven geht? Manchmal steckt in unserem Ärger eine Portion Neid: Wir ärgern uns, weil ein anderer etwas auslebt, was wir uns selbst nicht trauen oder gönnen – etwa Termine etwas lässiger zu nehmen, frei mit einer Meinung herauszuplatzen, Forderungen zu stellen. Wir ärgern uns also, weil wir im anderen (vermeintliche) Schwächen erkennen, die wir selbst mit viel Mühe in Schach halten: Wenn wir uns anstrengen, kann man das ja wohl auch vom anderen erwarten, oder?

Warum eigentlich? Möglicherweise wird auch umgekehrt ein Schuh daraus und der andere zeigt uns, wie man mit sich selbst etwas nachsichtiger und fürsorglicher umgehen kann. Ein simples Beispiel: Freundin A regt sich fürchterlich über Freundin B auf, die auf ihrer Geburtstagseinladung ankündigt, für Getränke und Suppe sei gesorgt. Daneben möge jeder Gast bitte etwas Süßes oder Salziges mitbringen. »Und die Suppe bestellt sie sogar noch beim Catering, die ist noch nicht mal selbst gemacht!«, ereifert sich Freundin A. Sie selbst steht vor eigenen Feiern tagelang in der Küche, da in ihrer Welt nur »Selbstgemachtes« wirklich wertvoll ist. Wer macht es nun »richtig« – A oder B? Das ist wohl einfach Geschmackssache. Statt sich über B zu ärgern, könnte A erkennen, dass auch sie ihre Feier mehr genießen würde, wenn sie ihren Vorbereitungsstress reduzierte. Und sie könnte sich fragen, warum es ihr selbst so schwerfällt, andere um Hilfe zu bitten.

Tipp 4: Der positive Fokus
Was ich alles an dir schätze / Schnittmenge suchen

1998 fragte das Institut für Demoskopie Allensbach 2000 Menschen ab 16 Jahre: »Glauben Sie, dass es etwas gibt, das alle Menschen gemeinsam haben, das alle verbindet?«

Wie hätten Sie darauf geantwortet: mit »ja«, »nein« oder »weiß nicht«? Vielleicht überlegen Sie einen Moment, bevor Sie weiterlesen.

Das Ergebnis der Umfrage ist einigermaßen erstaunlich. Zwar waren 59 Prozent der Befragten der Meinung, es gäbe solche Gemeinsamkeiten, doch etwas mehr als jeder Fünfte war sich nicht sicher und 20 Prozent verneinten die Frage.[12]

Unterschiede ziehen unsere Aufmerksamkeit magisch an.

Warum ich Ihnen das erzähle? Das Resultat zeigt, wie sehr wir uns in unserer Wahrnehmung auf Unterschiede oder Trennendes konzentrieren. Wie kann es zu der Überzeugung kommen, Menschen hätten gar nichts gemeinsam? Das Erbgut aller Menschen ist zu mehr als 99 Prozent identisch, wie man seit der Entschlüsselung unseres Genoms weiß.[13] Unsere biologische Grundausstattung deckt sich, wir teilen ganz ähnliche Gefühle und Bedürfnisse, brauchen ähnliche Bedingungen, um zu überleben. Ein Großteil unserer Mimik und Gestik ist international lesbar. Wir könnten meist erkennen, ob ein Arktisbewohner gerade unglücklich oder ein Wüstennomade gerade zufrieden ist. Doch solche Gemeinsamkeiten haken wir offenbar als selbstverständlich ab, während unsere Aufmerksamkeit von Unterschieden – und seien sie noch so banal – magisch angezogen wird.

Wenn einer im Meeting gelbe Ringelsocken trägt, ist das später genauso Thema wie in der Schule, wenn jemand mit »uncooler« Kleidung den auf dem Schulhof herrschenden Dresscode verletzt. Und über 99 Prozent genetische Gemeinsamkeit verhindern leider nicht, dass jemand mit »fremder« Hautfarbe in einer Mehrheitsgesellschaft unweigerlich ins Auge fällt. Ein Biologe könnte sicher erklären, ob dahinter ein urzeitliches Programm steckt, das alles Fremde und Ungewohnte als potenziell bedrohlich einstuft und daher einer genaueren Prüfung unterzieht, während das Vertraute und Gewohnte uns nicht weiter auffällt, weil es als harmlos gilt. Entscheidend ist jedoch nicht das Wahrnehmen eines Unterschiedes, sondern seine Bewertung. Nehmen wir die andere oder den anderen noch als Person wahr oder folgen wir blind gängigen Vorurteilen? Dann ist der Nachbar mit anderer Hautfarbe erst einmal suspekt und die Azubine mit dem Piercing und Tattoo hat von vornherein einen schweren Stand.

Was mich immer wieder erstaunt, ist, wie stark Menschen sich selbst an kleinen Unterschieden reiben, ob im Privaten oder im

Job. Da sind sich zum Beispiel im Unternehmen alle über wichtige Fragen wie Zielgruppe, Werbebotschaft und Slogan einig – um sich dann hartnäckig und zunehmend unversöhnlich an Details aufzureiben. Im Vordergrund steht dann zum Beispiel, dass »die Jungen« andere Marketingkanäle favorisieren als »die Alten« und stärker auf Social Media setzen. Auch das abrupte Freundschaftsende mit meiner damaligen Freundin Katja, welches ich in der Einführung geschildert habe, ist ein Beispiel dafür, wie relativ plötzlich eine langjährige Beziehung kaputtgeht, in der es viele, sehr viele Gemeinsamkeiten gab. Wie können 20 Jahre Freundschaft – gefühlt – von einem Moment auf den anderen enden, nur weil die eine beschließt, die gemeinsame Heimatstadt zu verlassen? Eine derartige Macht entfalten Unterschiede nur im Gepäck subjektiver Wertungen: Wie können die Jungen sich anmaßen, besser über Marketing Bescheid zu wissen als wir alten Hasen? Oder: Wie kann Nele unsere gemeinsam verbrachte Zeit so einfach einem Umzug in eine neue Stadt opfern? (Bzw.: Wie kann Katja sich so wenig für mich freuen?)

Erst Bewertungen machen Unterschiede zu einem Ärgernis.

Erst durch solche Deutungen werden harmlose Differenzen zur persönlichen Kränkung. Dabei haben Wertungen eins gemeinsam: Sie stehen oft auf wackeligen Beinen. Darüber reden könnte helfen (siehe Tipp 2). Helfen kann auch, sich bewusst zu machen, wie groß bei allen Differenzen die Gemeinsamkeiten sind. Ja, man ist sich in einem bestimmten Punkt nicht einig und wird sich vielleicht auch nie einig werden. Aber ist es das wirklich wert, darüber alles Verbindende zu vergessen? Könnte man nicht das Gemeinsame betonen und wertschätzen, statt dauerhaft das Trennende in den Mittelpunkt zu stellen?

Wir sind uns einig, dass wir uns nicht einig sind.

Durch den Fokus auf das Trennende zerbrechen Freundschaften und Familien. Eltern tragen ihren erwachsenen Kindern nach, dass sie nicht ins Familienunternehmen einsteigen wollten. Kinder werfen ihren alten Eltern noch nach Jahrzehnten vor, dass sie damals das Studium nicht finanziert haben. Über diese Fragen wird man niemals Einigkeit erzielen. So what? Im Englischen gibt es die schöne Wendung »we agree to disagree« – wir sind uns einig darüber, dass wir uns nicht einig sind. Daraus spricht Gelassenheit und Respekt für das Gegenüber, jenseits aller Differenzen. Und das wäre schon mal ein guter Anfang für ein konstruktives Miteinander.

Im systemischen Coaching arbeite ich gerne mit dem MVWK-Modell, um Verhaltensunterschiede zu erklären und Konflikte zu entschärfen. MVWK steht für »Motive – Verhalten – Wert – Kontext«. Kernidee des Modells von Axel Janßen und Dr. Rolf Meier ist, dass jedes individuelle Verhalten in einer bestimmten Situation erfolgt, die subjektiv wahrgenommen wird (dem Kontext). Wie und ob jemand handelt, hängt also von seiner Interpretation des Kontexts ab, ferner davon, welche Motive sein Handeln steuern und welche Werte er dabei verwirklicht sehen will. Jedes Individuum trägt bestimmte Motive in sich, die das Verhalten mit der dafür benötigen Handlungsenergie versorgen, und orientiert sich an bestimmten Werten (siehe auch Kapitel 2).

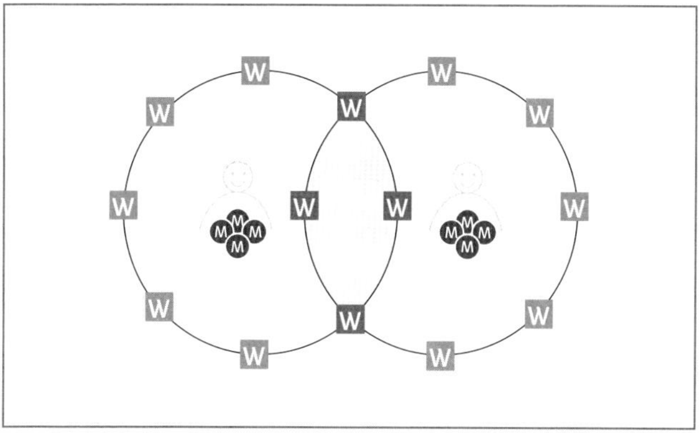

Abb. 5: Schnittmenge zwischen zwei Individuen nach dem MVWK-Modell (© Janßen/Meier)

Je mehr Werte sich überschneiden und je ähnlicher die Kontextdeutung, desto weniger Konfliktpotenzial besteht. Mit Menschen, die fast keinen unserer Werte teilen, wird konstruktive Kommunikation oft richtig schwierig – etwa wenn ein westlich geprägter Demokrat sich mit einem Vertreter des islamischen Fundamentalismus verständigen will. In der Regel gibt es jedoch eine Schnittmenge, wie die Abbildung 5 andeutet, in der M für »Motiv« und W für »Wert« steht. Wenn sich zentrale Werte decken, wird die

Wer Verbindendes wertschätzt, erträgt Trennendes leichter.

Plattform an Gemeinsamkeiten und Verständnis füreinander größer; ebenso wenn zwei Menschen starke und/oder schwache Motive miteinander teilen. Beispielsweise können zwei Kollegen, die beide einen starken Wert »Verlässlichkeit« ausleben, in der Regel so gut zusammenarbeiten, dass es schade wäre, wenn sie sich über Differenzen in Einzelfragen verlieren würden. Oder, um ein anderes Beispiel zu geben: Eltern und Kinder, die sich darüber zu entzweien drohen, wie es mit dem Familienunternehmen weitergeht, könnten sich bewusst machen, welche unterschiedlichen Motive und Werte hier eine Rolle spielen und dass keine Seite die andere bewusst verletzen will.

Bevor Sie sich über einen anderen ärgern, können Sie sich daher fragen:

1) Was schätze ich alles an dieser Person?
2) Wie groß sind unsere Gemeinsamkeiten?
3) Wie wichtig ist das Trennende vor diesem Hintergrund?
4) Welche Werte und Motive führen zu dem Verhalten des anderen, das mich persönlich stört?
5) Welche Werte und Motive führen bei mir dazu, dass mich das Verhalten des anderen stört?
6) Kann ich nach diesen Überlegungen Verständnis aufbringen – oder riskiere ich, dass das Trennende unsere Beziehung dauerhaft überschattet?

Tipp 5: Die Neugier-Strategie
Wie gut, dass wir alle so verschieden sind

Vor einiger Zeit nahm ich an einem spannenden Seminar in New York teil. Zum Teilnehmerkreis gehörten Dutzende ambitionierte Menschen, die eines gemeinsam hatten: Wir wollten alle Neues lernen und besser werden in dem, was wir tun. Besonders an solchen Veranstaltungen ist für mich auch der intensive gegenseitige Austausch mit Gleichgesinnten. Wo schließlich würde ich mehr neugierige Menschen auf engstem Raum treffen? So war es dann tatsächlich. Doch bei einem gemeinsamen Abend erlebte ich folgende Situation: Mir gegenüber saß eine lebhafte und durchaus sympathische Teilnehmerin, die mich aber zusehends ermüdete. Sie redete und redete. Und redete. Am Ende hatte ich das Gefühl, alles über sie zu wissen: über ihre Lebenssituation. Ihren Job. Ihre Ziele. Ihre Kinder. Über ihre Ansicht zu diesem und ihre Erfahrung mit jenem. Für mich und meine Anliegen interessierte sie sich allerdings nicht im Mindesten. Wobei, sie stellte schon die ein oder andere Frage, jedoch wich ihr Blick gleich aus und wanderte im Raum umher, als ich zu einer Antwort ansetzte.

Vermutlich kennen wir alle solche Vielredner, Menschen, die regelmäßig auf Dauersendung sind. Leute, die einen zutexten, und sich hinterher für das »gute Gespräch« bedanken. Von Neugier auf den anderen, seine Erfahrungen und Ansichten keine Spur. So etwas finde ich persönlich wirklich schade, denn mit der Neugierde verliert man auch die Chance, selbst neue Erfahrungen zu machen, andere Perspektiven zu erleben und sich

Durch Neugierde entwickeln wir uns weiter.

weiterzuentwickeln. Man köchelt im Saft permanenter Selbstbestätigung. Ein Psychologielexikon definiert die Neugier als: »Wissensdurst; ein Zustand, der einhergeht mit einer erhöhten Bereitschaft eines Organismus, sich neuen, ungewohnten und komplexen Situationen und Objekten auszusetzen bzw. diese aktiv aufzusuchen.«[14] Als Kinder sind wir neugierig. Und wie! Wir bombardieren die Erwachsenen mit Fragen und probieren jeden Tag etwas Neues aus. So lernen wir. Doch irgendwann schwächt sich diese Neugierde ab und macht mehr und mehr Gewohnheiten Platz – wir wissen schon viel, wir werden bequemer und haben vielleicht auch zu oft die Mahnung gehört: »Sei nicht so neugierig!«

Routinen vermitteln Sicherheit, sie schützen uns vor unangenehmen Überraschungen und entlasten uns und unser auf »Energiesparen« programmiertes Gehirn im Alltag. Wir genießen das Gefühl des Vertrauten so sehr, dass wir Gewohnheiten selbst dann folgen, wenn wir wissen, dass sie uns erkennbar schaden. Gewohnheiten tragen ihre Belohnung in sich, wie der Hirnforscher Gerhard Roth sagt (vgl. Kapitel 2). Das gilt für die Chipstüte abends vor dem Fernseher genauso wie für den immer gleichen Streit über Politik mit Onkel Rudi auf der Weihnachtsfeier. Gewohnheiten sind daher ein zweischneidiges Schwert. Sie erleichtern das Leben *und* sie beschränken unseren Erfahrungshorizont.

Spätestens wenn wir nur noch in gewohnten Bahnen denken – »X ist gut/Y schlecht«, »X kann ich/Y liegt mir nicht«, »X macht man so/Y so« – sperren wir uns langsam, aber sicher in unserem eigenen »Denkgefängnis« ein. Extrem sind solche Denkgewohnheiten bei Fanatikerinnen und Fanatikern jeder Richtung, ob links, ob rechts und gleich welcher Religion oder welchen Themas. Kein Argument erreicht sie mehr, Fakten lassen sie kalt, denn sie wissen ohnehin, was »richtig« ist. Es kann nicht sein, was nicht sein darf. In den Filterblasen des Internets lässt sich Ähnliches beobachten, wenn sich Gleichgesinnte permanent gegenseitig bestätigen und jeden mit abweichender Meinung zum Feind oder Idioten erklären. Überspitzt formuliert: Wo die Neugier stirbt, beginnen Selbstgerechtigkeit und Fanatismus. Und mit der Neugier stirbt auch die Erkenntnis, dass eine vielfältige und bunte Welt viel interessanter ist als eine, in der alle gleich und immerzu derselben Meinung sind.

Gewohnheiten können zum (Denk-)-Gefängnis werden.

Ideologische Scheuklappen sind natürlich ein Extremfall. Aber ganz ehrlich: Mehr oder weniger auf Neugierdiät sind wohl die meisten von uns, sobald wir »richtig erwachsen« sind. Dabei hat uns die Neugier bis dahin viele Erfolge beschert: Wir sind da angekommen, wo wir heute sind, auch weil wir neugierig waren auf neue Menschen, neue Kulturen, neue Inhalte, neue Aufgaben. Ich glaube, ein wenig von unserer Neugierde wiederzuentdecken kann uns sehr dabei helfen, mit Menschen klarzukommen, die anders sind. Statt zum hundertsten Mal mit Onkel Rudi dieselben Argumente auszutauschen, könnte man den eigenen Fokus verändern und sich dafür interessieren, wie er zu seinen Ansichten kommt. Oder ein ganz anderes Thema mit ihm besprechen. Statt ganz schnell ein Urteil darüber zu fällen, dass ein Verhalten »unmöglich«, eine Herangehensweise zum Scheitern verurteilt oder ein Auftreten unangemessen ist, könnten wir herausfinden, was dahintersteckt – welche Motive, Werte, Erfahrungen, Hoffnungen. Fragen, die wir uns dabei stellen könnten:

1) Was ist interessant an diesem Verhalten?
2) Welchen Zweck erfüllt es für die jeweilige Person?
3) Welche Vorteile könnte dieses Verhalten für die Person haben?
4) Was kann ich dazulernen, indem ich mich mit diesem Verhalten auseinandersetze?
5) Sollte ich das, was mich ärgert, vielleicht sogar selbst einmal ausprobieren?

Natürlich können und sollen wir uns nicht für »alles« interessieren und »alles« akzeptieren. Toleranz hat Grenzen – solche, die durch Ethik und moralische Grundsätze definiert werden, aber auch subjektive. Gelassenheit bedeutet nicht, dem Gegenüber einen Freifahrtschein für jedes Verhalten zu geben. Deshalb abschließend noch zwei weitere Strategien.

Tipp 6: Die Flucht nach vorne
Ehrlich sagen, was los ist

Die Inhaberin eines renommierten mittelständischen Medienunternehmens berichtet mir von folgender Situation: Sie möchte eine junge Praktikantin, Marie, gerne fest anstellen, und zwar als ihre Assistentin. Das wäre eine tolle Chance für die Studienabsolventin. Marie ist zwar erst seit zwei Monaten im Unternehmen, hat aber direkt über-

zeugt – durch schnelle Auffassungsgabe, Eigeninitiative, Freundlichkeit. Wenn da nicht ein Problem wäre: Marie kleidet sich sehr salopp, fast nachlässig, und hat eine Vorliebe für tief ausgeschnittene und enge Oberteile. »So kann ich sie nicht auf die Kunden loslassen! Ich habe hier regelmäßig Verhandlungen mit den Geschäftsführungen der Partnerunternehmen. Wenn meine Assistentin so rumläuft, fällt das auf unser Unternehmen und somit auch auf mich zurück«, sagt die Inhaberin mir unverblümt. »Aber ich kann einer erwachsenen Frau doch nicht sagen: ›Ziehen Sie sich mal was Ordentliches an!‹ Das sollte sie schon selber wissen.« Die Inhaberin überlegt daher, Marie mit einem sehr guten Praktikumszeugnis ziehen zu lassen.

Rückmeldung zu geben ist ein Zeichen des Respekts.

In solchen Fällen, wenn die eigene Toleranz an Grenzen stößt und eine Verhaltensänderung beim anderen unausweichlich ist, führt kein Weg an offenen Worten vorbei. Vielen Menschen fällt es schwer, Klartext zu reden, ohne das Gegenüber zu verletzen. Doch ist es fair, zu schweigen und Marie den Job gar nicht erst anzubieten? Ich habe dazu eine sehr klare Meinung: Offenes Feedback zu geben ist auch eine Frage des Respekts vor dem anderen. Wenn ich eine Person wertschätze, sollte ich mich nicht davor drücken, ihr eine unangenehme Wahrheit zu sagen. Denn das »Davordrücken« ist in meinen Augen oft egoistisch (ich traue mich nicht, ich weiche aus). Entscheidend ist – wie so oft – das Wie. Bewährt hat sich ein Ansatz, der sowohl in Seminaren mit Mitarbeitenden, Teams und Führungskräften als auch im privaten Kontext richtig gut funktioniert: das WWW-Modell.

1. W – Wahrnehmung

Das Modell setzt im ersten Schritt auf die sachliche Formulierung von konkreten Beobachtungen (»Wahrnehmung«) aus der Ich-Perspektive. Darunter fällt alles, was auch eine Kamera aufzeichnen würde. Auf Bewertungen, Verallgemeinerungen (wie »ständig«, »immer«) und Hypothesen (warum ist das wohl so?) wird konsequent verzichtet. Im Fall von Marie könnte die Chefin zum Beispiel sagen: *»Marie, ich habe gestern und vorgestern gesehen, dass Sie figurbetonte Oberteile mit einem Ausschnitt getragen haben, der mir ermöglichte, Ihr Dekolleté zu sehen.«* Diese Aussage ist wertfrei, im Unterschied zu Formulierungen wie »Mir ist aufgefallen, dass Sie sich sehr aufreizend kleiden« oder gar »Marie, Sie sind hier im Büro und nicht auf einer Party!«.

2. W – (Aus-)Wirkung

Auf die sachliche Beschreibung folgt ein Hinweis auf die grundsätzliche Auswirkung dieses Verhaltens und/oder die persönliche Einschätzung – die Wirkung des Verhaltens auf *mich*. Maries Chefin könnte beispielsweise ausführen: *»Das kann bei unseren Geschäftspartnern und im Kollegenkreis zu Irritationen und zur Ablenkung führen. Außerdem habe ich die Sorge, dass Sie nicht ernst genommen werden könnten, wenn Sie Kunden in diesen Oberteilen in Empfang nehmen.«* Gefragt sind hier wieder »Ich-Botschaften«, also Bemerkungen dazu, wie es einem selbst mit dem Verhalten des anderen geht: »Ich empfinde das als …«, »Mir macht das Sorgen, weil …«, »Das bringt mich in eine schwierige Lage, denn …« Ich-Botschaften sind im Allgemeinen wirksamer als Du-Botschaften, die vom anderen schnell als persönlich verletzend empfunden werden (z. B. »*Sie* sind nicht richtig angezogen«). Niemand lässt sich gern von jemand anderem erklären, wie er ist oder zu sein hat. Du-Botschaften provozieren Gegenwehr, während Ich-Botschaften denjenigen, der das Feedback erhält, tendenziell zu Öffnung und Annehmen einladen.

3. W – Wunsch (oder ErWartung)

Um das Feedback abzurunden, sollte auch die eigene Erwartung (oder ein Wunsch) an den anderen klar und unmissverständlich formuliert werden. Gerne kann danach auch Hilfe angeboten werden, wenn es sinnvoll ist. Im Beispiel: »*Ich wünsche mir/Ich erwarte für unsere zukünftige Zusammenarbeit, dass Sie Oberteile tragen, die weniger figurbetont sind und Ihr Dekolleté verdecken. Wenn Sie bei der Kleiderwahl unsicher sind und/oder Fragen haben, sprechen Sie mich gerne an, dann helfe ich dabei.*«

Sachliches und konstruktives Feedback mit dem WWW-Modell

W Wahrnehmung

- Was habe ich wahrgenommen?
- Was genau ist geschehen?
- Wie habe ich das erlebt?

Wichtig:

- Beispiele, Fakten, Beobachtbares, konkrete Situation benennen und im »Ich« sprechen.
- Verhalten ansprechen, nicht Charaktereigenschaften.

W	**(Aus-)Wirkung** • Welche (Aus-)Wirkung hat das Wahrgenommene grundsätzlich (auf mich persönlich, meine Gefühle, meine Pläne, meine Sorgen, unsere Produkte bzw. das Unternehmen)? Wichtig: • Ich-Botschaften.
W	**Wunsch/ErWartung** • »Ich wünsche mir stattdessen ...« / »Ich schlage vor ...« • »Ich erwarte ...« Wichtig: • Eindeutige sachliche Aussage.

Im Unternehmen können, insbesondere bei disziplinarischen Fragen in der Führung, noch zwei weitere Schritte hinzukommen. Der erste ist die formelle *Vereinbarung* des gewünschten Verhaltens, etwa dass jemand in Zukunft pünktlicher ist, also eine Art mündlicher Vertrag: »Ich fasse zusammen: Wir sind uns einig, dass Sie zukünftig ...« Dazu gehört auch eine klare Aussage, wann die Einhaltung dieses »Vertrages« kontrolliert wird: »Wir treffen uns dann in zwei Wochen, um zu schauen, ob funktioniert hat, was wir besprochen haben.« Abgeschlossen ist das Feedback dann erst mit dem zweiten Schritt, der angekündigten *Kontrolle*. Hier setzen sich beide Parteien zusammen, prüfen, ob eine Verhaltensänderung eingetreten ist. Zum Feedback der Führungskraft gehört dann auch die Anerkennung des Umgesetzten.

Der Dreischritt WWW mag sich zunächst etwas formal und künstlich anfühlen, besonders im privaten Bereich. Sich an dieses Schema zu halten verhindert aber, dass wir in gewohnte Muster zurückfallen. Dazu gehören persönliche Angriffe, Generalisierungen und Pauschalvorwürfe. Wenn wir spontan reagieren, sagen wir eben eher nicht: *»Mir ist aufgefallen, dass du in der letzten Woche dreimal den Einkaufszettel vergessen hast und ich dann den Einkauf selbst erledigen musste, obwohl das anders besprochen war.«* Eher sagen wir etwas wie: *»Was fällt dir eigentlich ein? Ständig vergisst du den Einkaufszettel und ich muss das dann ausbaden.«* Mit dem Feedback-Schema vermeiden wir das und sprechen aus dem sachlichen Erwachsenen-Ich. Anders gesagt: Wenn wir mit dem zweiten »W« die Wirkung des Verhaltens auf uns selbst beschreiben, reden wir *über* ein Gefühl, nicht *aus einem* Gefühl heraus. Beispiel: *»Dass du den Zettel vergisst, wenn du dran bist, und ich dann einkaufen muss, empfinde ich als rücksichtslos.«*

Besser über ein Gefühl zu sprechen statt aus einem Gefühl heraus.

Klar ist, dass vor allem negatives Feedback ausschließlich unter vier Augen erteilt werden sollte. Maßregelungen vor Publikum gehen nach hinten los, weil die oder der Kritisierte dann mehr damit beschäftigt ist, das Gesicht zu wahren, als sich mit der Sache als solcher auseinanderzusetzen. Das gilt nicht nur für Erwachsene, sondern auch für Kinder: Kritik vor Dritten ist demütigend. Wenn Sie also dringend eine Verhaltensänderung beim Gegenüber herbeiführen wollen, fragen Sie sich am besten:

1) Ist jetzt der richtige Zeitpunkt dafür, dieses Thema anzusprechen, oder bin ich noch zu verärgert?
2) An welchen konkreten Beobachtungen kann ich meine Kritik festmachen? (Wie vermeide ich Unterstellungen und Pauschalvorwürfe?)
3) Welche Ich-Botschaft will ich formulieren? (Wie bleibe ich sachlich?)
4) Wie lautet meine konkrete Erwartung, mein Wunsch für zukünftiges Verhalten?
5) Wann kann ich die andere Person unter vier Augen dazu sprechen, idealerweise so schnell wie möglich?

Ehrliches Feedback ist ein Geschenk.

Es versteht sich von selbst, dass wir uns als Feedback-Nehmer so verhalten sollten, wie wir uns das vom Gegenüber wünschen, wenn wir Feedback geben: aufmerksam zuhörend, offen für Hinweise und ohne voreilige Rechtfertigungen. Ein »Danke« ist eine passende Reaktion auf ein gut formuliertes Feedback. Denn: Ehrliches Feedback ist eine Chance, zu lernen und zu wachsen. Es fällt den wenigsten Personen leicht, höfliches und zugleich kritisches Feedback zu formulieren. Betrachten wir es daher als Geschenk!

Tipp 7: Die Selbstschutzstrategie
Harte Konsequenzen ziehen, wenn es nicht anders geht

Bei einem gemeinsamen Frühstück bricht im Freundeskreis plötzlich eine heftige Diskussion aus. Auslöser: Eine Freundin berichtet von einem Fall, von dem sie in der Zeitung gelesen hat. Eine Frau wehrt sich gerichtlich gegen den Versuch, sie an den Heimkosten für ihre pflegebedürftige Mutter zu beteiligen. Ihre Mutter habe sie als Kleinkind vernachlässigt, schließlich sei sie über das Jugendamt in ein Heim gekommen, später in eine Pflegefamilie. Die Mutter habe sich anschließend kaum um sie gekümmert. Sie sei nie da gewesen, wenn die Tochter sie gebraucht hätte. Erst als die Tochter schon erwachsen war, habe sie plötzlich vor ihrer Haustür gestanden und »einen auf Familie gemacht«. Die Tochter schlug ihr die Tür vor der Nase zu und blockierte alle weiteren Kontaktversuche. Nach Jahrzehnten der Funkstille kam dann der Brief vom Sozialamt mit der Aufforderung zur Kostenbeteiligung. Die Tochter nahm sich einen Anwalt und klagte.

Am Frühstückstisch wird der Ton schnell schneidend, die Positionen scheinen unversöhnlich: »So was tut man nicht!« »Die Tochter hat recht. Warum sollte sie für ihre Rabenmutter zahlen?« »Aber es ist immer noch die Mutter, wer weiß, was sie für Probleme hatte?« »Ich finde, man sollte auch mal verzeihen können. Vielleicht hat die Mutter sich ja tatsächlich geändert.«

Wer ist eigentlich dieser »man«, der so oft zitiert wird?

Ich frage mich bei solchen Wortgefechten immer: Wer ist eigentlich dieser mysteriöse »man«, von dem ständig die Rede ist? »Das tut man nicht« und jenes »sollte man« – mit solchen Floskeln wird eine individuelle Meinung zur allgemeinen Regel erklärt. Warum können Menschen nicht dazu stehen, dass es sich um ihre persönliche Position handelt? Und warum können viele so schwer akzeptieren, dass es sich auch bei der Entscheidung der Tochter, die die Mutter aus ihrem Leben verbannt hat, um eine sehr persönliche Entscheidung handelt? Ist es nicht respektlos, sich als Außenstehender darüber ein Urteil zu erlauben?

Dieses Buch hier ist ein Plädoyer für mehr Toleranz und Gelassenheit im Umgang mit anderen. Aber gilt das auch für die Mutter im Beispiel oben, die ihr Kind vernachlässigte? Ich meine: Für solche Extremfälle kann es keine allgemeine Empfehlung geben, sondern nur eine sehr persönliche Antwort, die jede und jeder direkt Betroffene selbst finden muss. Ich bin sehr dafür, im Alltag erst einmal hinzuschauen, warum die oder der andere so oder so handelt, bevor man selbst sich wünscht, sie oder er möge sich ändern. Ich bin auch dafür, seinem Gegenüber im Normalfall nicht alle Verantwortung aufzubürden, wenn es im Miteinander knirscht, sondern zu überlegen, wie man selbst ein anderes Verhaltensangebot machen kann, damit die oder der andere sich vielleicht bewegt. All das bedeutet aber nicht, dass Sie oder ich *alles* tolerieren müssen und dass wir uns bei *jedem* Verhalten, mit dem wir persönlich konfrontiert werden, aufgefordert fühlen sollten, Brücken zu bauen.

Es gibt Grenzen der Toleranz. Unstrittige Grenzen werden für mich abgesteckt durch Recht und Gesetz, durch unsere demokratische Verfassung, insbesondere durch Grundrechte wie Meinungsfreiheit, Gleichheit vor dem Gesetz oder auch die Freiheit des persönlichen Lebensentwurfs. Wer mit wem wie zusammenlebt und welche sexuelle Orientierung sie oder er auslebt, kann im 21. Jahrhundert glücklicherweise in den meisten Ländern jede und jeder selbst entscheiden. Neben solchen unstrittigen Fragen gibt es jedoch eine Grauzone, in der jeder Einzelne seine Position abstecken muss: Soll ich den Kontakt zu einer Freundin abbrechen, die einer Partei beigetreten ist, die ich entschieden ablehne? Soll ich in einer Firma anheuern, in der ich sehr gut verdienen würde, deren Unternehmensziele ich jedoch fragwürdig finde? Darf ich eine Person verlassen, die schon länger depressiv ist und hartnäckig therapeutische Angebote verweigert? Auf solche Fragen kann es keine einfachen Antworten geben. Sie überschreiten den Rahmen dieses Buches, in dem es um gängige Alltagsprobleme und den ebenso gängigen Wunsch geht, die oder der andere möge sich doch bitte den eigenen Vorstellungen anpassen.

Die Grenzen der Toleranz abstecken – auf Basis eigener Werte.

Deshalb zu solchen sehr ernsten Fragen nur so viel: Selbstverantwortung schließt auch Selbstfürsorge ein – die Verantwortung, gut für sich selbst zu sorgen. Mit »Selbstfürsorge« meine ich dabei nicht das Schaffen einer konfliktfreien Wohlfühlzone. Selbstfürsorge bedeutet, Sorge dafür zu tragen, dass ich nicht dauerhaft beschädigt werde, leide und mich selbst und meine eigenen Bedürfnisse verleugne, weil ich mich jemand anderem oder Rahmenbedingungen aussetze, die mir nicht guttun. Wer kann ermessen, wie tief die Wunde der Frau im Eingangsbeispiel ist, deren eigene Mutter sich nie kümmerte? Wer kann sich ein Urteil darüber anmaßen, was es diese Frau gekostet hätte, ihre Mutter wieder in ihr Leben zu lassen? Und natürlich habe ich auch das Recht, einen Kontakt aus weniger extremen Gründen abzubrechen, etwa weil sich eine Person so weit von meinem persönlichen Wertesystem entfernt hat, dass ich keine Basis mehr für eine Beziehung sehe. Seien Sie mutig, fragen Sie sich in Konfliktfällen:

1) Tut mir diese Beziehung gut oder macht sie mich bei jedem Treffen unglücklich oder auf Dauer sogar krank?
2) Ist das Wertesystem einer Person so weit von meinen eigenen Kernwerten entfernt, dass ich keine gemeinsame Basis mehr sehe?
3) Treffe ich meine Entscheidung ruhig und besonnen und nicht etwa aus einem momentanen Affekt heraus?

Selbstfürsorge heißt, sich selbst ein guter Freund zu sein.

Die Antworten auf diese Fragen kann Ihnen keiner abnehmen, nicht die beste Freundin und auch kein Coach. Natürlich kann es helfen, sich mit anderen auszutauschen, erst recht mit professionellen Gesprächspartnern. Die Entscheidung liegt jedoch bei Ihnen. Sorgen Sie für andere nicht besser als für sich selbst! Seien Sie sich selbst eine gute Freundin, ein guter Freund. Vielleicht sogar die oder der beste.

Nehmen Sie die Menschen, wie sie sind.
Andere gibt's nicht.

Konrad Adenauer

4 ENTSPANNTER LEBEN – PRIVAT UND BERUFLICH

Was glauben Sie, gibt es Glückskinder und Pechvögel? Also Menschen, die vom Schicksal (oder was / wem auch immer) begünstigt sind, und andere, denen immer wieder Steine in den Weg gelegt werden? Ich habe da Zweifel, auch wenn es unstrittig Menschen gibt, die häufig meckern und schimpfen, und solche, die überwiegend fröhlich und optimistisch ihren Alltag bestreiten. Eines steht jedoch fest: Vor Schicksalsschlägen, wie etwa schweren Krankheiten oder Unfällen, ist leider niemand gefeit. Doch im katastrophenfreien, ganz normalen Alltag trennt Glückskinder und Pechvögel etwas anderes: ihre Haltung sich selbst und anderen gegenüber.

Wer sich selbst und seine Meinung zum Maß aller Dinge erklärt und erwartet, dass alle anderen den Veränderungsmodus starten, programmiert die eigene Unzufriedenheit förmlich vor. Ob im Familien- oder Freundeskreis, in der Beziehung oder im Unternehmen, in allen Lebensbereichen gibt es regelmäßig Anlass, sich zu ärgern, weil andere so sind, wie sie nun mal sind: eben anders!

Zum Schluss werfen wir daher einen Blick auf die wichtigsten zwischenmenschlichen Baustellen, auf denen wir alle gelegentlich dem Änderungswahn unterliegen.

In der Paarbeziehung: Die Tücken der romantischen Liebe

Man sollte eigentlich gewarnt sein: Wenn zwei Menschen sich zusammentun, bringen sie beide das Päckchen ihrer genetischen Veranlagung und ihrer Sozialisation/Prägung mit (vgl. Kapitel 2). Wie unterschiedlich zum Beispiel die Ursprungsfamilien sind, stellt sich nicht erst bei der Hochzeitsfeier heraus, aber da ist es mitunter nicht mehr zu übersehen. Statusbewusste Akademikerinnen und Akademiker treffen auf bodenständige Handwerkerinnen und Handwerker. Grün bewegte Lehrerfamilien sitzen am Tisch mit karriereorientierten Bankangestellten. Solche Konstellationen sind regelmäßig Stoff für richtig gute Filmkomödien. Ob wir es mögen oder nicht: Die eigene Familie hat uns einen nicht immer äußerlich sichtbaren, aber dennoch tiefen Stempel aufgedrückt. Wie wir miteinander umgehen, wie gestritten wird und sich versöhnt, wie Feste gefeiert oder ignoriert werden, wie Krisen überstanden werden, wie gearbeitet, geliebt, gelebt, in den Urlaub gefahren wird, all das lernen wir unter anderem in der Herkunftsfamilie. Als Kind hinterfragen wir nicht, ob unsere Eltern es »richtig« machen: Es ist, wie es ist. Und wir gucken es uns ab. Als Erwachsene sehen wir manche ihrer Verhaltensweisen möglicherweise kritisch. Das heißt aber nicht, dass wir uns einfach davon befreien können.

Auch unsere genetische Veranlagung, unsere Wertvorstellungen und unsere im Laufe der Jahre erworbenen Handlungsstrategien und Gewohnheiten können wir nicht einfach ablegen und austauschen wie einen alten Mantel. »Menschen tun in aller Regel das, was die in ihrer Persönlichkeit verankerten unbewussten Motive und bewussten Ziele ihnen vorgeben – sie sind überwiegend binnengesteuert. Wenn sie sich ändern, dann überwiegend ›von innen heraus‹. Solche Veränderungen sind [...] im Erwachsenenalter relativ selten, wenn sie nicht Nebensächlichkeiten, sondern Dinge der Lebensführung betreffen«, unterstreicht der Neurobiologe Gerhard Roth.[15] Ihre alte Tante hatte also völlig recht, wenn sie meinte, der Onkel sei »nicht mehr zu ändern«, auch wenn sie das möglicherweise nicht daran hinderte, es jahrzehntelang zu versuchen. Natürlich ist Veränderung möglich, aber sie ist mit viel Anstrengung und Willenskraft verbunden. Und das muss eben jede und jeder aus sich selbst heraus entscheiden und umsetzen.

Wir können uns nicht einfach ändern.

Für viele Menschen ist die Partnerschaft die wichtigste Beziehung in ihrem Leben und gleichzeitig der Lebensbereich, in dem sie sich uneingeschränktes Verständnis füreinander und Harmonie wünschen. Fatalerweise hat es die Natur so eingerichtet, dass wir im ersten Überschwang der Verliebtheit ein idealisiertes Bild vom Gegenüber entwickeln, das genau diese Hoffnung weckt. Psychologen vergleichen diesen Zustand mit einem Rausch, einer Droge oder sogar einer Psychose. »Es gibt die bösartige Theorie, dass sich niemand binden würde ohne diese Überflutung des

Körpers mit Glückshormonen«, sagt die Psychologie-Professorin Heidi Keller über den Beginn einer Liebesbeziehung. Sie spricht von einer »Wahrnehmungsverzerrung«.[16] Mit dem Ende des hormonellen Ausnahmezustands kommt daher unweigerlich die Ernüchterung. Man sieht tatsächliche oder vermeintliche Fehler des anderen. Klassiker wie die nicht zugeschraubte Zahnpastatube, Socken unterm Bett oder Gesprächssackgassen wie »Liebst du mich?« sind dabei nur die Spitze des Beziehungseisbergs. Es ist leicht, verliebt bei Kerzenschein Händchen zu halten. Und es ist ziemlich anstrengend, sich jahrelang über Wocheneinkauf, Wäsche, Freizeitgestaltung, Elternabende und tausend andere Fragen zu einigen.

Der Illusion vollkommener Paarharmonie hat Loriot ein wunderbares filmisches Denkmal gesetzt. In »Pappa ante Portas« hängt der Haussegen bei Renate und Heinrich gründlich schief, seit Heinrich überraschend in den Ruhestand versetzt wurde und sich zu Hause in alles einmischt. Nun müssen sie gemeinsam auch noch den 80. Geburtstag von Renates Mutter überstehen, zu dem sie mit Schwager Hellmuth und Schwester Hedwig anreisen. Hedwig und Hellmuth demonstrieren bei jeder Gelegenheit geradezu penetrant eheliche Harmonie. Schon auf der Zugfahrt fallen Sätze wie »Ich freue mich immer, wenn Hedwig etwas besser weiß« (Hellmuth). Hedwig schmachtet postwendend den Gatten an: »Mir ist eigentlich immer wohl. Nur wenn dir nicht wohl ist, ist mir auch nicht wohl.« Und Hellmuth revanchiert sich mit der kühnen These: »Wenn wir einmal irrtümlich verschiedener Meinung sind, haben wir uns besonders lieb.«

Diese harmonieselige Fassade kracht wenige Stunden später abrupt in sich zusammen, als der angetrunkene Bürgermeister Hedwig beim Festmenü ein anzügliches Kompliment macht. Hellmuth ist empört, Hedwig beschwichtigt: »Ich glaube, der Herr Bürgermeister wollte mir eine Freude machen.« Hellmuth darauf: »Ich bin dieser Meinung nicht, und ich möchte dich daran erinnern, dass wir nie verschiedener Meinung sind.« Hedwig: »Dann möchte ich dir empfehlen, dich meiner Meinung anzuschließen.« Ein beruhigend normaler Ehekrach nimmt seinen Lauf.[17]

Müheloser Gleichklang ist eine romantische Illusion.

Eine gelingende Beziehung ist nicht zuletzt das Ergebnis einer genügend großen Schnittmenge gemeinsamer Werte, die dem gemeinsamen Miteinander Orientierung für Verhalten und Entscheidungen geben (vgl. das MVWK-Modell in Kapitel 3), sowie das Resultat gegenseitiger Toleranz in Bereichen, in denen man nicht übereinstimmt. Auf dieser Basis entwickelt jedes Paar seinen eigenen Beziehungsmodus.

Wenn Sie sich in Ihrem Familien-, Freundes- und Bekanntenkreis aufmerksam umschauen, werden Sie feststellen, dass es ungefähr so viele Arten gibt, eine Paarbeziehung zu führen, wie es Beziehungen gibt. Ich selbst bin beispielsweise immer wieder verblüfft, wenn Partnerin oder Partner fast nichts über den beruflichen Alltag des anderen zu wissen scheinen und erstaunt aufhorchen, wenn die neue Chefin, der neue Chef oder das spannende Projekt in einer größeren Runde Thema sind. Offenbar tauschen diese Paare sich kaum über berufliche Fragen und

Probleme aus, sondern haben am Küchentisch andere Themen. Gleichzeitig weiß ich, einige Menschen in meinem Umfeld finden es merkwürdig, dass mein Mann und ich nicht nur unser Privatleben teilen, sondern auch den Beruf – dass wir ein Unternehmen zusammen gegründet haben und es heute zusammen leiten. Ein anderes Beispiel: Ich kenne Paare, die nach außen sehr harmonisch wirken (wenn auch nicht so hardcore-harmonisch wie Hedwig und Hellmuth). Und ich kenne solche, die sich regelmäßig in der Öffentlichkeit Wortgefechte liefern. Das bedeutet aber nicht, dass die Zoffenden kurz vor der Scheidung stehen und dass bei den scheinbar Harmonischen immer alles gut ist. Es könnte auch genau umgekehrt sein! Jedes Paar entwickelt im Laufe der Zeit eigene Gewohnheiten und Routinen des Miteinanders. Wie ist das bei Ihnen?

Für Beziehung gibt es keine »Schule«.

Der Psychologe Rainer Tschechne weist darauf hin, dass die meisten von uns bis zum Erwachsenenalter nur eine Paarbeziehung näher – sozusagen »von innen« – kennenlernen: die der eigenen Eltern. Manche haben dabei das Glück, eine liebevolle Beziehung zu erleben, die von Respekt und gegenseitiger Unterstützung geprägt ist. Andere haben dieses Glück nicht. Beides prägt und beeinflusst unser eigenes Verhalten. Und anders als fürs Schreiben, Lesen und Rechnen, fürs Autofahren oder Bedienen komplizierter Maschinen gibt es für das Führen einer Beziehung leider keine »Schule«. Das sollen wir einfach so können. Fatalerweise unterstellen wir dabei oft, die oder der andere teile unsere Sichtweisen, unsere Ansprüche und Vorlieben – und sind enttäuscht, wenn sich das nach der Phase der ersten Verliebtheit als Irrtum herausstellt.

Eine gute Bekannte berichtet, sie habe in den ersten Jahren ihrer Ehe häufig Auseinandersetzungen mit ihrem Mann über Alltagsentscheidungen gehabt: Buchen wir den Urlaub in Griechenland oder nicht? Kaufen wir ein neues Auto? Feiern wir Weihnachten bei deinen oder bei meinen Eltern? »Irgendwann habe ich begriffen, dass der Auslöser unserer Differenzen immer derselbe war. In meinem Verständnis war die Angelegenheit schon entschieden, im Verständnis meines Mannes nicht. Für ihn hatten wir es mal angesprochen, für mich hatten wir es abschließend geklärt. Wenn ich in diesem Glauben aktiv wurde, fühlte mein Mann sich überfahren.« Klar sei ihr das geworden, nachdem sie beobachtet habe, wie in der Familie des Mannes Entscheidungen fallen: »Alles wird hundertmal durchgesprochen, wieder und wieder. Man nähert sich einer Entscheidung, indem man die Frage langsam einkreist. Bei uns in der Familie bevorzugen wir die Ruckzuck-Variante: ansprechen, entscheiden, abhaken.« Mit dieser Erkenntnis konnte sie die Lage entspannen. »Ich frage meinen Mann jetzt immer ganz explizit: Ist das damit entschieden? Oder wollen wir noch mal drüber sprechen?«

Was für uns »normal« und »selbstverständlich« ist, muss es für den anderen noch lange nicht sein, ob es um Entscheidungen, den Umgang mit Geld, Erziehungsfragen oder um etwas vergleichsweise Banales wie Blumengeschenke geht, über die sich der eine freut und die der andere nur in Krisensituationen für angebracht hält (vgl. Kapitel 3, »Der Brillentausch«). Die Konstruktivisten würden wahrscheinlich sagen: Auch Ehepartner leben in getrennten Welten und können die Welt des anderen nicht automatisch verstehen. Eine Beziehung werde daher nur dann gelingen, schreibt Tschechne, wenn eine wesentliche Voraussetzung gegeben sei: »Es muss das ehrliche Bemühen da sein, das, was der eine fühlt und denkt, in die Gefühlswelt und Sprache des anderen zu übersetzen.«[18]

In einer Beziehung ist nichts selbstverständlich.

Nehmen Sie ganz selbstverständlich an, dass nichts selbstverständlich ist. Dann sind Sie am besten dafür gewappnet, hinter die Kulissen wiederkehrender Konflikte zu blicken und sich aktiv um eine Verständigung zu bemühen. Ziehen Sie dabei alle Register, vom Brillentausch über die Pinguin-Strategie bis zur Flucht nach vorne. Erstaunlicherweise sind wir am Arbeitsplatz, im Ehrenamt oder im weiteren Familienkreis in der Regel eher bereit, »Arbeit« in gute Beziehungen zu investieren, als in der eigenen Paarbeziehung. Da soll am besten alles von selbst laufen und immerwährende, mühelose Harmonie herrschen. Das ist nichts anderes als ein romantisches Ideal, das vor rund 200 Jahren von Dichtern erfunden wurde und bis heute von seichten Liebeskomödien genährt wird.

Auch für den US-Anthropologen Gary Chapman setzt eine gelingende Liebesbeziehung die Bereitschaft voraus, sich auf den anderen einzustellen, statt ihn nach eigenen Vorlieben ummodeln oder ändern zu wollen. In seinem Buch »Die fünf Sprachen der Liebe« lenkt er die Aufmerksamkeit darauf, dass es unterschiedliche Art und Weisen gibt, einem anderen seine Liebe zu zeigen:

- durch Lob und Anerkennung,
- durch Zweisamkeit (gemeinsam verbrachte Zeit und ungeteilte Aufmerksamkeit),
- durch Geschenke (und kleine Überraschungen),
- durch Hilfsbereitschaft (indem man etwas für den anderen tut, ihn unterstützt),
- durch Zärtlichkeit (körperliche Nähe, liebevolle Gesten, Sex).

Lernen Sie die Sprache des anderen.

Für Chapman ist Verliebtheit ein Instinkt, die Liebe dagegen eine Entscheidung, zu der auch die Bereitschaft gehört, die Sprache der Liebe seines Gegenübers zu erkennen und mit ihr oder ihm in ihrer bzw. seiner Sprache zu kommunizieren. Auch da ist es erfolgversprechender, sich von den Fesseln der eigenen Prägung zu lösen, als der Partnerin oder dem Partner Änderungen (Anpassung an unsere Lebensregeln) abzuverlangen. Sind für das Gegenüber liebevoll ausgewählte Geschenke ein echter Liebesbeweis, tun Sie ihr oder ihm den Gefallen, auch wenn in Ihrer Familie wenig Wert aufs Schenken gelegt wurde. Drückt das Gegenüber Liebe durch Unterstützung im Alltag aus, antworten Sie zumindest gelegentlich in dieser »Sprache«. Je mehr Mühe wir uns selbst geben, desto eher wird unser Gegenüber unseren Bedürfnissen entgegenkommen.

Auch bei diesen »Sprachen der Liebe« muss uns klar sein, dass sie in den frühen Kindheitsjahren erlernt werden, also von den Eltern abgeguckt werden. Auch diese »Sprachen« lassen sich nicht einfach ändern, weil die/der andere darum bittet! Kommen wir also mit der »Sprache« unserer Partnerin, unseres Partners nicht klar, werden wir uns früher oder später fragen, ob wir eine Beziehung fortführen wollen, in der wir geben, aber wenig zurückbekommen. Das ist jedoch eine weit reifere Entscheidung, als den Rückzug anzutreten, sobald sich die mühelose Harmonie der ersten Verliebtheit verflüchtigt hat.

Wenn Sie sich also wünschen, Ihre Partnerin oder Ihr Partner möge sich ändern, lohnen sich die folgenden Fragen:

1) Wann habe ich mich das letzte Mal meiner Partnerin/meinem Partner zuliebe »geändert«? Habe ich das überhaupt schon mal getan?
2) Wie wichtig ist der Punkt, der mich stört, vor dem Hintergrund unserer Gemeinsamkeiten?
3) Habe ich meine Bedürfnisse schon sachlich und ohne Vorwurf geäußert – oder bisher nur während eines hitzigen Streites?
4) Wie gut kenne ich eigentlich die Bedürfnisse meiner Partnerin, meines Partners? Wie oft gehe ich mit meinem Handeln nicht darauf ein?

Im Freundes- und Bekanntenkreis: Wo die Freundschaft plötzlich aufhört

Erinnern Sie sich noch an meine Hamburger Freundin Katja? Die Geschichte, wie eine langjährige Freundschaft zerbrach, habe ich in der Einführung erzählt. »In Freiburg kannst du doch niemals glücklich werden!«, sagte Katja, als ich freudestrahlend erzählte, ich würde zu meiner großen Liebe in den Süden ziehen. Jahrelang waren wir in unserer Freizeit unzertrennlich gewesen, plötzlich schienen wir uns nichts mehr zu sagen zu haben. Nach wenigen halbherzigen Telefonaten versandete die Freundschaft. Funkstille.

Ich habe lange darüber nachgegrübelt, wie »tief« diese Freundschaft war, wenn sie so sang- und klanglos zu Ende gehen konnte, und auch darüber, warum ich nicht mit Katja über meine Enttäuschung über ihre Reaktion gesprochen habe. Und sie auch nicht mit mir (denn logischerweise habe auch ich meinen erheblichen Beitrag dazu geleistet, dass es zu diesem Bruch kam). Haben auch Sie Freundinnen und Freunde im Laufe der Jahre verloren, vielleicht auf ähnliche Weise? Und wie oft führen Sie mit Freunden oder auch guten Bekannten ernsthafte Auseinandersetzungen darüber, was Sie sich in der Freundschaft zueinander anders wünschen – welche Reaktion Sie vielleicht enttäuscht hat?

Es gibt nicht »die« Freundschaft.

In Gesprächen rund um dieses Buch habe ich den Eindruck gewonnen, meine Geschichte ist kein Einzelfall. Einige Freundschaften enden so still wie meine mit Katja, selten wird offen miteinander geredet. Oder es knallt einmal richtig, und ab dann herrscht Funkstille. Auf der anderen Seite wurde mir von Freundschaften berichtet, die jahrzehntelang halten, vom Sandkasten bis zum Rentenalter, Freundschaften, in denen man »sich alles sagt und viel verzeiht«. Wieder andere Gesprächspartnerinnen und Gesprächspartner schwärmten von Fernfreundschaften, in denen man sich oft monatelang nicht sieht oder hört, und wo doch sofort wieder die alte Vertrautheit herrscht, sobald man sich trifft. Offensichtlich gibt es sehr viele Arten von Freundschaft. Freundschaft ist graduell, die Übergänge von Bekannten zu Freunden sind fließend. Und was eine Freundschaft mit Leben füllt, kann sehr unterschiedlich sein.

Bei der Recherche hat mich diese Anekdote besonders amüsiert: Meine Gesprächspartnerin berichtet – immer noch fassungslos – von einem Erlebnis mit einem Paar, mit dem sie und ihr Mann schon viele Jahre befreundet sind. Das andere Paar wünschte sich schon lange ein Kind. Jetzt hat es endlich geklappt mit der Schwangerschaft, wie die Freundin ihr in einem langen Telefonat voller Freude berichtet hatte. Am selben Abend waren die beiden Männer direkt nach der Arbeit zu einem Bundesliga-Fußballspiel verabredet. Als ihr Mann heimkam, empfing sie ihn mit den Worten: »Das ist ja toll mit dem Baby, dass es bei den beiden endlich mit der Schwangerschaft geklappt hat!« Ihr Mann schaute verständnislos: »Baby? Was für ein Baby?« Als sie die Botschaft wiederholte, entgegnete er ungerührt, nö, darüber hätten sie nicht gesprochen. Aber das Fußballspiel sei klasse gewesen.

Wie es scheint, hatten die Freundinnen hier etwas andere Vorstellungen über das Wesen ihrer Freundschaft als ihre Männer. Auch wenn diese Geschichte dem Klischee entspricht, dass Männerfreundschaften sich häufig über das gemeinsame Tun, Frauenfreundschaften sich dagegen übers Reden definieren, gibt es in Wirklichkeit auf beiden Seiten die ganze Beziehungsbandbreite. Im Nachhinein denke ich, meine Jugendfreundschaft mit Katja war eine in die Jahre gekommene Alltagsfreundschaft – zusammen auf dem Balkon sitzen, Wein trinken, Spaß haben, spazieren gehen – und nicht mehr die innige Seelenverwandtschaft, die wir früher mal spürten, als wir zusammen die Backstreet Boys anschmachteten und erste Liebesbriefe schrieben und erhielten. Wir beide haben uns im Laufe unseres Erwachsenwerdens verändert und die Schnittmenge ist schleichend kleiner geworden. Das, was uns immer vereinen wird, ist die gemeinsame Erfahrung. Aber im Jetzt verbindet uns offensichtlich nichts mehr. Dennoch ist es für mich erstaunlich, dass keine von uns um diese Freundschaft gekämpft hat. Vielleicht hilft uns die Wissenschaft hier weiter.

Warum enden Freundschaften häufig sang- und klanglos?

Vor einigen Jahren befragte der niederländische Soziologe Gerald Mollenhorst über 1000 Personen im Alter zwischen 18 und 65 Jahren nach ihrem Freundeskreis, zum Beispiel danach, wer ihnen bei Umzügen helfen würde, zu wem man intensiven Kontakt hat und wo man seine Freunde kennenlernte. Nach sieben Jahren konnte er 600 der Probanden erneut befragen. Das Ergebnis: Im Schnitt zählte nur die Hälfte der Kontakte aus der ersten Befragung immer noch zum Freundeskreis, während die Größe des Freundeskreises insgesamt aber stabil geblieben war.[19] Es ist folglich kein Einzelfall, wenn jemand binnen sieben Jahren die Hälfte seines Freundeskreises »austauscht«, so makaber das nun klingen mag. Gleichzeitig bedeutet das aber auch: Andere Kontakte bleiben über sehr lange Zeiträume erhalten. Dass Freundschaften so unterschiedlich verlaufen, hängt möglicherweise auch damit zusammen, wie sie geschlossen werden. Mollenhorst schreibt dem Entstehen von Freundschaften ein starkes Zufallsmoment zu. Auch wenn Freundschaften anders als Verwandtschaften frei gewählt sind, spielt es eine große Rolle, wem man wo begegnet und ob man eine Person regelmäßig sieht. Verbindet beispielsweise ein gemeinsames Hobby, kann eine Freundschaft enden, nur weil einer von beiden das Interesse am Partymachen oder am Tennisspielen verliert.

Andere Untersuchungen zum Thema Freundschaft erhärten solche Annahmen. So fand Mitja Back, ein Mainzer Psychologe, heraus, dass Studienanfänger sich überdurchschnittlich häufig mit jemandem anfreunden, der in der ersten Vorlesung ganz zufällig neben ihnen sitzt. Jaap Denissen von der Humboldt-Universität Berlin erforschte ebenfalls, wie Studienanfänger Freunde finden. Ein zusammengewürfeltes Erstsemester ist wohl eine ideale Laborsituation für Freundschaftsforscher. Denissen machte eine Ähnlichkeitswahrnehmung mit dafür verantwortlich, ob zwei Menschen sich anfreunden, also die bloße *Annahme*, die oder der andere ist mir ähnlich.[20] Das deckt sich mit der psychologischen Redensart, Sympathie sei womöglich »wahrgenommene Ähnlichkeit«. Eine Ähnlichkeitshypothese muss aber nicht unbedingt der Wirklichkeit entsprechen. Nur weil jemand ähnliche Musik mag, einen ähnlichen Kleidungsstil bevorzugt und über ähnliche Witze lacht, muss die Person mit mir in anderen Bereichen ganz und gar nicht einig sein. Mit anderen Worten: Sobald eine äußere Situation offenbart, dass die Freundin oder der Freund in einer für mich zentralen Frage ganz anders tickt, als ich dachte, ist die Enttäuschung vorprogrammiert und man entfremdet beziehungsweise »ent-freundet« sich möglicherweise wieder.

Auch Nutzenerwägungen spielten bei Freundschaften laut Denissen eine Rolle: Welche emotionalen Bedürfnisse erfüllt eine Freundin oder ein Freund? Kann ich mit der Person Spaß haben? Unterstützt sie mich? Wobei kann sie mir helfen? Das alles klingt sehr viel pragmatischer als die innige Seelenverwandtschaft, die seit dem Freundschaftskult der Romantik zum kollektiven Gedächtnis gehört. Bekanntschaften, Freundschaften und alle freiwillig gewählten Beziehungen haben eines gemeinsam: Sie sollen sich für uns gut anfühlen! Ja, wir handeln (nicht nur in diesem Bereich) nutzenorientiert. Und ich finde das auch gar nicht schlimm, es ist doch logisch, dass wir uns von Menschen trennen, die uns mittel- bis langfristig nicht guttun, oder? Das bietet eine Erklärung dafür, warum es so viele Lebensabschnittsfreundschaften gibt.

Was verbindet: Ähnlichkeit? Interessen? Praktischer Nutzen?

Was bedeutet all das nun für unsere Freundschaften im Alltag? Hätte mir mein Wissen von heute bei der Konfrontation mit Katja geholfen? Ich denke, es hätte mich zu einem souveräneren Umgang mit der Situation veranlasst. Inzwischen weiß ich, dass Freundschaften ganz unterschiedlich tief gehen können und ganz unterschiedliche Bedürfnisse erfüllen. Wenn wir uns über gemeinsame Aktivitäten anfreunden, können wir streng genommen nicht erwarten, dass der andere auch in allen anderen Lebensbereichen auf der gleichen Wellenlänge unterwegs ist. Kaum eine Freundin oder ein Freund kann einem »alles« bieten. Heute habe ich Freundinnen und Freunde, mit denen mich vorwiegend Themen wie persönliche Weiterentwicklung, Freude an Genuss, intensiven Gesprächen, Natur und berufliche Interessen verbinden.

Nicht von jeder Freundschaft erwarte ich hingegen »alles«. Es gibt Freundschaften, da ist die berufliche Schnittmenge größer als die private. Und andersherum. Von meiner Freundin, mit der ich viel über Privates spreche, erwarte ich nicht, dass sie mir in Fragen der Businessentwicklung eine Sparringspartnerin ist. Wir haben andere Themen zusammen. Und das ist gut so! Mittlerweile kann ich das so sehen, denn es gab Zeiten, da habe ich mich gefragt: Wie kann man nur so unglücklich im eigenen Job sein und nichts daran ändern? Wie kann man damit leben, nach dem Urlaub die Wochen bis zum nächsten zu zählen und im Job vor allem auf den pünktlichen Feierabend zu schauen? Ja, ich wäre da anders! Und es gab Zeiten, da konnte ich meine Freundin wirklich nicht verstehen. Inzwischen frage ich mich: Warum hat mich das eigentlich so beschäftigt? Es ist ihr Leben.

In Freundschaften dürfen Teillebensbereiche miteinander geteilt werden. Mit einer Freundin gehe ich wandern, mit anderen genieße ich den Austausch zu Businessthemen. Mit anderen wiederum liebe ich es, über persönliches Wachstum zu philosophieren. Und so entstehen auch Bekanntschaften: über einzelne Schnittmengen. Wenn sich daraus mehr entwickelt, weil wir in Gesprächen auch andere Schnittmengen entdecken, ist das schön. Wenn ich – wie im Fall Katja – feststelle, dass wir in zentralen Fragen keine gemeinsame Basis (mehr) haben, wäge ich ab, wie stark diese Differenz mich trifft. Berührt sie Kernwerte oder Punkte, die mir sehr wichtig sind, kann ich eine ehemalige oder vermeintliche Freundin oder einen Freund mittlerweile gehen lassen. Und ob ich vorher versuche, die Freundschaft zu »retten«, hängt davon ab, wie wichtig mir diese ist, in der Lebensphase, in der ich mich momentan befinde.

Gegenseitige Toleranz gehört zur Freundschaft dazu.

Anders gesagt: Gegenseitige Toleranz gehört zur Freundschaft dazu. Wer Gemeinsamkeiten genießen will, muss Unterschiede aushalten und kann diese idealerweise sogar wertschätzen. Ich kenne ein Paar, dessen Freundschaften immer ziemlich genau zwei Jahre halten. Dann haben sie in jeder Freundschaftssuppe so viele Haare entdeckt, dass es zum unüberwindbaren Streit oder zur schweigenden Entfremdung kommt. Doch wenn alle Menschen irgendwie »falsch« sind, kann es dann wirklich nur an den anderen liegen? Sie kennen die Antwort. Wenn Sie sich also das nächste Mal wünschen, eine Freundin oder ein Freund möge sich ändern, fragen Sie sich:

1) Ist es wirklich fair, von dieser Freundin, diesem Freund zu erwarten, dass sie/er auch in dieser Sache meiner Meinung ist oder so handelt, wie ich mir das wünsche?
2) Wenn ja, weil ich unter ihrem/seinen Verhalten leide: Habe ich das Ärgernis rechtzeitig (!) und sachlich angesprochen (vgl. die Feedbackstrategie/Tipp 6 im letzten Kapitel)?
3) Wie wichtig ist mir diese Person? Wie stark bin ich bereit, mich anzustrengen und Kompromisse einzugehen, um die Freundschaft zu erhalten?

Es lohnt sich jedenfalls, Geduld, Verständnis und auch schlicht Zeit in Freundschaften zu investieren, denn in einem sind sich die Wissenschaftler einig: Gute soziale Beziehungen tragen entscheidend zum Lebensglück bei und erhöhen sogar unsere Lebenserwartung!

In der Familie: Wenn Lebensmodelle verteidigt werden

Wenn Sie eine etwas lahm dahinplätschernde Unterhaltung im Freundes- oder Familienkreis in Schwung bringen wollen, empfehle ich Ihnen, ein knackiges Statement zu einem der folgenden Stichworte abzugeben: *kinderlose Ehepaare – Besserverdienende – Situation Alleinerziehender – Ehegattensplitting – gleichgeschlechtliche Paare – traditionelle Rollenmuster – Ab wann kann ein Kind in die Kita?* Ich bin ziemlich sicher, sofort bricht eine lebhafte Debatte los. Nicht selten wird der Ton schnell harsch, der Geräuschpegel steigt. Ein Gespräch über unterschiedliche Familienmodelle artet oft in eine hitzige Diskussion aus, in der sich viele Beteiligte im Besitz der alleinigen Wahrheit wähnen.

Selbst gediegene Intellektuelle besitzen die Kühnheit, sich in einem Artikel der Wochenzeitschrift *Die Zeit* unter der Überschrift »Soll das eine Familie sein?« zu Statements wie den Folgenden verleiten zu lassen:[21]

- »*Gleichgeschlechtliche Lebensformen, Familienimitationen dank neuer Reproduktionstechniken konnten damit* [mit Artikel 6 des Grundgesetzes über den Schutz von Ehe und Familie] *nicht gemeint sein.*« (Literaturkritiker Ulrich Greiner, der angibt, in dritter Ehe »glücklich verheiratet« zu sein)
- »*Für rund 500 Euro Unterhalt kann man sich sein Kind von einer Alleinerziehenden betreuen lassen, es ist die preisgünstigste Art, in Deutschland Kinder zu haben.*« [Eine schwer verständliche Polemik. Gemeint ist vermutlich, Männer überließen die Erziehung ihrer Kinder durch mutwillige Trennungen bewusst ihren Ex-Partnerinnen.] (Susanne Mayer, Feuilleton-Redakteurin)
- »*Mein Mann und ich fragen uns manchmal, ob wir wohl noch verheiratet wären, lebten wir im Eigenheim einer klassischen Kleinfamilie. Wahrscheinlich nicht. Allein die Vorstellung lässt uns schaudern.*« (Sabine Rückert, stellvertretende Chefredakteurin)

Dient scharfe Kritik zur Verteidigung des eigenen Lebensmodells? Scharfe Wertungen, verletzende Polemik – fast scheint es, als könne man sich mit seiner eigenen Lebensform nur dann arrangieren, wenn man die anderer herabsetzt. Hängt es damit zusammen, dass wir anders als unsere Vorfahren die Wahl zwischen vielen ganz unterschiedlichen Formen des Zusammenlebens haben? Verheiratet oder ohne Trauschein, mit Kindern oder ohne, als Doppelverdiener oder in Hausfrauen- oder Hausmann-Ehe, in gleich- oder diversgeschlechtlicher Beziehung oder hetero, Single, Patchworkfamilie, treu bis zur goldenen Hochzeit, offene Beziehung oder in »serieller Monogamie« – das alles und noch vieles mehr ist möglich. Noch vor wenigen Generationen war man aus finanziellen und/oder religiösen Gründen verheiratet, bis dass der Tod einen schied. Kinder gehörten dazu, sie kamen ganz natürlich und in hoher Zahl, und der Platz der Frau war noch in der Nachkriegszeit ganz selbstverständlich zu Hause, am Herd und bei den Kindern.

Vielleicht bestätigt man sich heute in der harschen Kritik an den Entscheidungen anderer, dass man selbst die richtige Wahl getroffen hat. Warum sonst ernten Beispiele und Entscheidungen wie die Folgenden so oft abwertende Reaktionen?

- *Eine junge Frau, Top-Ausbildung, toller Job, gibt ihren Beruf auf, um ihren Mann bei der Eröffnung einer Steuerberatungskanzlei zu unterstützen.* Reaktion: *»Spinnst du? Denk doch an deine Unabhängigkeit!«*
- *Eine andere Frau, die zwei Kinder im Kindergartenalter hat, wird zu einem mehrtägigen Seminar nach New York eingeladen. Sie fliegt hin. Die Kinder werden in dieser Zeit von ihrem Mann und einem Au-pair betreut.* Reaktion: *»Boah, die Kinder sind noch so*

klein, wie kann sie die nur schon guten Gewissens alleine lassen? Wie egoistisch von ihr!«

- *Ein homosexuelles Paar bemüht sich, ein Kind zu adoptieren.* Reaktion: *»Ein Kind braucht nun mal beides: Mutter und Vater!«*

Was denken Sie, wenn Sie diese Beispiele lesen? Die Mutter von zwei Kleinkindern sagte mir, sie könne es eigentlich nur falsch machen, irgendwer sei immer dagegen. Arbeitet sie, ist sie eine karrieregeile Rabenmutter. Arbeitet sie nicht, ist sie das abhängige Frauchen am Herd. Arbeitet sie halbtags, ist sie naiv und auf dem Weg in die Altersarmut. Mein Mann und ich sind gewollt kinderlos. Auch wir müssen uns immer wieder Nachfragen oder Kommentare gefallen lassen, wie den Hinweis, es würde nun aber langsam Zeit, oder die Prophezeiung »Das werdet ihr sicher mal bereuen«. Was gibt anderen eigentlich das Recht dazu, über selbst gewählte Lebensmodelle von anderen zu urteilen? Eine respektvolle Haltung wäre, andere so sein zu lassen, wie sie sind, und Toleranz auch für Lebensformen aufzubringen, die man selbst nicht wählen würde. Für die Frau, die sich entschließt, der Kinder wegen zu Hause zu bleiben, ebenso wie für die Mutter, die nach New York fliegt, für kinderlose Paare ebenso wie für kinderreiche. Weshalb müssen wir anderen in solchen Fragen unsere Meinung aufzwingen und ihnen so indirekt zu verstehen geben, sie sollten sich doch bitte schön ändern und sich unseren Vorstellungen anpassen?

Warum lassen wir andere nicht sein, wie sie sind?

Richtig dramatisch und verletzend können Kontroversen um Lebensweisen und Lebensplanung werden, wenn sie sich innerhalb der Familie abspielen, also beispielsweise zwischen Eltern und (erwachsenen) Kindern.

Eine Klassenkameradin von mir, nennen wir sie Anna, träumte schon als Jugendliche davon, Fotografin zu werden. Schon auf Abipartys und Klassenreisen war sie diejenige, die unsere Events und Momente fotografisch begleitete, Fotowände bastelte und selten ohne ihre Kamera unterwegs war. Nach dem Abitur wollte Anna am liebsten eines: Fotografin werden! Ihr Vater jedoch bestand auf einem Studium, drohte sogar damit, ihr geliebtes Pferd zu verkaufen, würde sie sich anders entscheiden. Anna war ratlos, gab schließlich nach und studierte ein Fach, das sie nach eigener Aussage nicht wirklich interessierte: Medien- und Kommunikationswissenschaften. Heute arbeitet Anna in einer Fernsehproduktion, ein Job, der ihr Spaß macht, der aber eben nicht ihr Traumjob ist. Mit ihrem Vater hat sie ein wunderbares Verhältnis.

Mit 20 fand ich Annas Vater »unmöglich«. Heute sehe ich das differenzierter und kann die Überlegungen nachvollziehen, die ihn zu seinen Aussagen bewogen haben. Ich bin zu 100 Prozent sicher, dass er das Beste für Anna wollte. Und ich erlaube mir kein Urteil, ob das damals »richtig« oder »falsch« war. Wie könnte ich auch? Doch viel wichtiger als das, was ich denke, ist, wie Anna und ihr Vater darüber denken. Sie haben es geschafft, dass ihre Beziehung durch diese Auseinandersetzung keinen Knacks bekommen hat. Und wie wertvoll das ist, können mindestens all diejenigen nachvollziehen, die es nicht geschafft haben, mit den Eltern knacksfrei erwachsen zu werden.

Ist es klug, wenn Erwachsene mit ihren Eltern hadern?

Vielleicht finden Sie mein Beispiel harmlos, weil Sie sich weit Schlimmeres vorstellen können als sich zwischen eigenem Pferd und eigener Wunschausbildung entscheiden zu müssen. Doch viele Erwachsene leiden jahrelang unter dem Verhalten ihrer Eltern, die sie als lieblos empfinden, als übergriffig oder auch als diejenigen, denen sie es nie recht machen können. 2017 veröffentlichte ein Berliner Journalist unter dem Pseudonym Martin Osterberg seine Geschichte in einem Buch mit dem Titel »Das kalte Haus: Meine unglückliche Kindheit in einer heilen Familie«. Osterberg, inzwischen Anfang 50, beschreibt darin ein Aufwachsen in materiellem Wohlstand, aber emotionaler Kälte, die ihn bis heute verfolgt. Die Reaktionen, die man dazu im Internet nachlesen kann, sind vorhersehbar. Sie reichen von viel Verständnis und ähnlichen Erfahrungen über den Vorwurf der Undankbarkeit (»andere« konnten nie in Skiurlaub, sei doch dankbar!) bis zu kompletter Verständnislosigkeit: Was soll denn schlimm sein an dieser Kindheit?[22] Doch Leiden ist immer individuell. Und der Wunsch, die eigenen Eltern würden sich (endlich) ändern, mehr Liebe zeigen, Anerkennung spenden, mehr Verständnis für Fehler aufbringen oder sich auch nur aus dem Leben ihrer erwachsenen Kinder heraushalten und Kommentare zu Lebensführung, Partnerwahl, Kindererziehung, beruflichen Entscheidungen usw. einstellen – dieser Wunsch ist vermutlich einer der häufigsten Änderungswünsche.

Sorry, dass ich das so deutlich sage: Dieser Wunsch ist genau wie andere Änderungswünsche – Bullshit! Die Persönlichkeit der eigenen Eltern ist genauso gefestigt wie die eigene, wenn nicht sogar stärker. Sie sind schließlich viele Jahrzehnte mehr damit durchs Leben gegangen und mit genau diesen Glaubenssätzen, Gewohnheiten und Handlungsmustern dahin gekommen, wo sie heute sind. Derart verfestigte Gewissheiten selbst infrage zu stellen wäre eine psychologische Meisterleistung. Menschen tun das erfahrungsgemäß sehr selten und wenn, dann in absoluten Ausnahmefällen, am ehesten bei existenziellen Grenzerfahrungen wie etwa schweren Krankheiten oder Unglücksfällen. Ohne Not ändern die wenigsten die eigene Sicht auf die Welt. Dann müsste sie oder er ja zugeben, dass sie/er jahrelang unrecht hatte oder sich täuschte.

Eltern werden ihre Überzeugungen kaum noch infrage stellen.

Auch beim Hadern mit den eigenen Eltern gilt daher die goldene Regel: Sie können die anderen nicht ändern. Ändern können Sie nur sich selbst bzw. Ihren Umgang mit den anderen. Das bedeutet: Sie können Grenzen setzen, Spielregeln definieren, stärker auf Distanz gehen. Sie können Ihre Ohren auf Durchzug stellen und nicht auf jede Bemerkung eingehen, die Sie ärgert. In der Regel wissen Sie ja ganz gut, was kommen wird, weil Sie die gleichen Sprüche, Vorwürfe, Fragen oder Forderungen schon dutzende Male gehört haben. Wieso sich also zum x-ten Mal darüber aufregen? Sie können selbst aus dem Spiel aussteigen wie der Mann, der die Kinder fürs Ärgern bezahlte (vgl. Kapitel 3).

Erwarten Sie nicht, dass Ihre Eltern Ihnen zuliebe das Spiel beenden, unter dem Sie leiden. Diese Chance ist verschwindend gering. Und dabei meinen Ihre Mutter oder Ihr Vater es vermutlich nicht einmal böse. Oft ist es das Gegenteil, sie meinen es aus ihrer Sicht gut! Auch wenn es für Sie in diesem Fall unverständlich ist.

Welche praktischen Konsequenzen dies hat, können nur Sie selbst entscheiden. Die drastischste Konsequenz ist der völlige Kontaktabbruch, und der ist alles andere als selten, sondern »Normalität«, wie Claudia Haarmann in ihrem Buch zu diesem Thema schreibt.[23] Bei traumatischen Erlebnissen wie häuslicher Gewalt oder Missbrauch kann dieser Schritt aus Sicht der Psychotherapeutin die angeratene Konsequenz sein. Doch was ist mit »normal« belastenden Eltern-Kind-Beziehungen, die häufig auch zum Abbruch der Beziehung führen? Wenn es einen Rat gibt, dann vielleicht diesen: Horchen Sie in sich hinein, fragen Sie sich in einem ruhigen Moment, wie stark Sie die Situation belastet. Ist es ein Randthema oder vermiest es Ihnen dauerhaft die Lebensfreude? Und noch ein Gedanke: So lange Sie unter Ihren Eltern leiden, haben diese eine gewaltige Macht über Sie. Sie verharren in der Rolle des Kindes. Das ändert sich nur, wenn Sie ihnen mit erwachsener Distanz und gelassener begegnen können. Kontaktabbruch kann eine Flucht sein, gelassen hinnehmen dagegen ein Ausdruck der Souveränität.

Bei all dem hilft es, sich einen Moment aus der eigenen Perspektive zu lösen und sich zu fragen, wie die Eltern so geworden sind, wie sie sind. Welche Kindheit hatten sie? Welche schwierigen

Situationen mussten sie überwinden? Was haben sie ihrerseits von ihren Eltern gelernt? Wer selbst nie Geborgenheit erlebt hat, wird nur schwer Geborgenheit vermitteln können. Wer selbst sehr autoritär erzogen wurde, wiederholt dieses Muster gegebenenfalls. Die meisten Eltern geben ihr Bestes, auch wenn das mitunter nicht gut oder gut genug ist. Haben Sie Ihre Eltern schon einmal gefragt, warum sie dieses oder jenes so sehen? Manche Menschen wiederholen die destruktiven Dramen, die sie in ihrer Kindheit als »normal« erlebt haben, auch wenn sie das eigentlich nicht wollen. Verständnis kann Sie in die Lage versetzen, dem anderen zu verzeihen – was nicht heißt, dass Sie ein Verhalten akzeptieren müssen. Und mit dieser Vergebung tun Sie sich selbst den größten Gefallen. Sie können abschließen. Denn Wut, Trauer und Ärger fressen Ihre wertvolle Energie – nicht die der anderen.

Von Vergebung profitieren beide Seiten.

Zum Thema Familie wäre sicher noch vieles zu sagen. Doch wenn Sie tiefer einsteigen möchten und es tiefe Wunden zu verarbeiten gilt, sind andere qualifizierter als ich, etwa Familientherapeuten und Psychologen. Für den täglichen Ärger in der eigenen Familie oder auch über Familienmodelle anderer möchte ich Ihnen folgende Fragen mit auf den Weg geben:

1) Bei Lebensmodellen anderer:
   Wie steht es mit meiner Souveränität, wenn ich mich so über dieses Verhalten aufrege? Warum kann ich die andere Person nicht einfach so sein lassen, wie sie/er ist?

2) Wenn ich mir wünsche, dass sich meine Eltern ändern:
   a) Wie sehr leide ich darunter?
   b) Wie viel weiß ich darüber, warum meine Eltern so »geworden« sind?
   c) Will ich weiter Macht an meine Eltern abgeben, indem ich mich auf ihr Spiel einlasse und darunter leide?
   d) Welche Handlungsoption ist die beste für mich: gelassene Distanz (»reden lassen«), zeitweiser Kontaktabbruch, endgültiger Bruch?

Im Unternehmen: Die Chancen der Vielfalt

»Our work is changing« lautet das Motto unseres Unternehmens, dem HRperformance Institut. Wir sind Experten für eine sich rasant wandelnde Arbeitswelt. Natürlich haben sich Arbeitsbedingungen immer schon verändert, sonst säßen wir weiterhin an mechanischen Webstühlen. Doch was heute neben der digitalen Technisierung unter anderem so besonders ist: Das Rentenalter steigt, die Studienzeit wird kürzer. Da kann es vorkommen, dass in einem Unternehmen bis zu vier Generationen zusammenarbeiten, vielleicht sogar im selben Büro sitzen. Das bietet Potenzial für Konflikte, denn Menschen unterschiedlichen Alters ticken oft sehr unterschiedlich.

Bei einer Münchner Versicherung arbeite ich als Trainerin und Coach sowohl mit Young Professionals als auch mit Ausbilderinnen und Ausbildern und Führungskräften. Auffällig ist: Die Jüngeren können schwer mit der Arbeitsweise einiger der Erfahreneren umgehen. Andersherum ist es ähnlich. Die verschiedenen Generationen begegnen sich gehemmt und oft verständnislos. Dies betrifft beispielsweise die Art, wie Mitarbeitende verschiedenen Alters an Aufgaben und Projekte herangehen. Gibt man Mitarbeitenden älterer Generationen eine Aufgabe, setzen sie sich in der Regel akribisch daran, bearbeiten diese Aufgabe gründlich, überlegen, prüfen und stecken viel Zeit hinein. Bevor sie Feedback bei der Führungskraft einholen, ist die Sache eigentlich schon fast erledigt. Bei den Jüngeren läuft das meist ganz anders, oft nach dem Minimalprinzip: Sie verschaffen sich erst einmal einen Überblick, fangen kurz an und holen sich direkt Feedback bei Ausbilderinnen oder Ausbildern oder der Führungskraft. Diese sind dann gegebenenfalls verwundert, mit welch dürftigen Ergebnissen sie sich auseinandersetzen sollen. In den Augen der Jüngeren ist es aber etwas Positives, sehr früh Rückmeldung zu bekommen – einfach um zu wissen, ob der Weg stimmt. Diese Arbeitsweise entspricht in etwa der von agilen Organisationen: schnelle, direkte Feedbackschleifen, erst einmal machen und auf dem Weg zum Ziel Korrekturen vornehmen. Dieses Muster unterschiedlicher Herangehensweisen jüngerer und älterer Generationen zieht sich durch viele Lebensbereiche.

Generationenvielfalt clever nutzen!

Welche Arbeitsweise war im konkreten Fall im Versicherungsunternehmen »besser«? Natürlich war jede Gruppe der Auffassung: ihre. Und dass die anderen sich am besten ändern und die Arbeit genauso handhaben sollten. Dabei ist schon die Ausgangsfrage heikel, denn »anders« ist nicht zwangsläufig schlechter. Ganz im Gegenteil! Es gibt meist mehrere Wege zu einem Ziel. Ob es darunter einen »besten« gibt, lässt sich allenfalls im Einzelfall entscheiden. Vor diesem Hintergrund kann man sich abgrenzen, sich streiten oder sich aus dem Weg gehen. Oder man kann versuchen, voneinander zu lernen und sich gegenseitig zu stärken. Das gilt nicht nur für unterschiedliche Altersgruppen, sondern für Diversität in jeder Hinsicht, beispielsweise auch für verschiedene Geschlechter, Kulturen und Ethnien, sexuelle Orientierungen und soziale Milieus.

Unsere Gesellschaft ist so vielfältig, dass Unternehmen gut daran tun, diese Vielfalt in ihre Organisation zu integrieren. Das ist nicht nur ein Gebot der Toleranz und des gegenseitigen Respekts, sondern auch eines der geschäftlichen Klugheit, denn auch die Kunden und ihre Ansprüche sind heute »divers«. Wie will ein Unternehmen sich im harten Wettbewerb behaupten, wenn es aufgrund personeller Monokulturen das Gespür für seine Zielgruppe(n) verliert? Im Fall der Versicherung bedeutet das: Wie will man den Sprung in die digitale Welt und zu den veränderten Erwartungen insbesondere jüngerer Versicherungskundinnen und -kunden schaffen, wenn man die »Digital Natives« im Unternehmen nicht zu Wort kommen lässt? Und andersherum: Wie wollen die ganz Jungen erfolgreich sein, wenn sie den Erfahrungsschatz der Älteren ignorieren?

»Diversity« – das Begreifen von Vielfalt als Chance – ist also mehr als nur die nächste Mode auf dem Markt der Unternehmensstrategen. Es handelt sich um eine gesellschaftliche Grundfrage, die

Frage, ob wir in den Unternehmen den Anschluss an die längst vorhandene Vielfalt in der Bevölkerung und auch der nationalen wie internationalen Kunden schaffen. Verschärft wird diese Frage durch den demografischen Wandel. Fachkräfte sind rar, und kein Unternehmen kann es sich heute bei der Suche nach neuen Mitarbeiterinnen und Mitarbeitern noch leisten, Menschen, die nicht ins gewohnte Raster passen, auszuklammern. Das betrifft nicht nur Großunternehmen, sondern auch den Bäcker an der Ecke, der keine Azubis findet, oder die Ärztin eine Straße weiter, die unter anderem mit einem »diversen« Praxisteam (beispielsweise mit einer Assistentin mit türkischem Migrationshintergrund) auf die Bedürfnisse ihrer unterschiedlichen Patientengruppen reagiert.

Es geht bei all dem nicht vordergründig um soziale Wohltaten und Ethik, es ist schlicht ein Gebot der Vernunft und die Grundlage für wirtschaftlichen Erfolg. Das bestätigen auch Studien wie eine groß angelegte Befragung von McKinsey & Company aus dem Jahre 2018. Unter dem Titel »Delivering through Diversity« (wörtlich: »Abliefern durch Diversität«) wurden die Wirtschaftsdaten von über 1000 Unternehmen aus zwölf Nationen ausgewertet. Ergebnis: Jene Organisationen, deren Führungsetagen sich durch personelle Vielfalt etwa bei Geschlecht und Ethnie auszeichneten, waren überdurchschnittlich erfolgreich, sowohl was den Gewinn vor Steuern und Zinsen als auch was die Wertschöpfung (den absoluten Gewinn) anging. Dabei verstärkte sich ein Trend, der schon in einer früheren Studie (»Why Diversity Matters«, 2014) festgestellt worden war.[24]

Je mehr Sichtweisen in Entscheidungen einfließen, desto höher die Qualität dieser Entscheidungen, so kann man vermuten. Die Zeit der genialen Einzeltäter im Management scheint vorbei, dafür ist unsere Welt zu komplex, zu schnelllebig und zu unübersichtlich. Hätte beispielsweise die Autoindustrie hierzulande den Trend zur Elektromobilität und zu saubereren Motoren so lange verschlafen, wenn sie mehr junge Leute und mehr Frauen in Entscheidungsprozesse eingebunden hätte? Und auch auf den Ebenen darunter, im operativen Geschäft und im direkten Kundenkontakt, profitieren Unternehmen von Vielfalt.

Die Zeit der genialen Einzeltäter ist vorbei.

Die unterschiedlichen Erfahrungshorizonte machen die Zusammenarbeit dabei nicht immer einfach, wie wir schon im 2. Kapitel gesehen haben – am Beispiel von Max, dem leistungsorientierten Chef aus der »Babyboomer«-Generation, und seiner Mitarbeiterin Julia, 30 Jahre jünger, im Wohlstand aufgewachsen und karriereskeptisch. Da sind sie wieder, die unterschiedlichen Welten, zwischen denen man Brücken schlagen muss, wenn man miteinander klarkommen und idealerweise sogar voneinander lernen will. Das Verständnis füreinander wird dabei durch einen Blick für die Bedingungen geschärft, unter denen der jeweils andere groß geworden ist. Und auch wenn Generationenkonzepte notwendigerweise pauschalisieren und nicht jedem Einzelnen gerecht werden, lohnt es sich, die folgenden Rahmenbedingungen im Hinterkopf zu haben, wenn man wieder einmal denkt: »Wie seltsam! Warum macht die oder der das nicht einfach so wie ich?«

Babyboomer (geboren 1946–1964)

Von der Kriegsgeneration erzogen und in einer Zeit wachsenden Wohlstands (im »Wirtschaftswunder«) groß geworden, zeichnet sich diese Generation durch Fleiß, Pflichtbewusstsein und Tatkraft aus. Das klassische patriarchalische Familienbild prägt, obwohl Frauen (Mütter) dieser Generation allmählich ins Arbeitsleben streben. Karriere ist ein wesentliches Lebensziel und viele Vertreterinnen und Vertreter dieser Generation sind überzeugt, dass sich Leistung auszahlt. Auch wenn es wirtschaftlich aufwärtsgeht, sind die prägenden Jahre dieser Generation nicht konfliktfrei, denn sie wächst im Kalten Krieg auf (Kubakrise, Ermordung John F. Kennedys, atomare Aufrüstung). Im Vergleich zu heute ist der Medienkonsum stark eingeschränkt: Das Fernsehen bietet gerade mal drei Programme, kommuniziert wird über das Telefon oder von Angesicht zu Angesicht.

Generation X (geboren 1965–1979)

Die den Babyboomern nachfolgende Generation X erlebt schon in der Kindheit große Veränderungen. Die traditionellen Familienbilder beginnen sich aufzulösen, Mütter gehen nun häufiger arbeiten. Die Kinder der Generation X lernen schnell, selbstständig zu werden. Dass es immer weiter aufwärtsgeht, glaubt diese Generation nicht mehr. Die Ölkrise, das Wettrüsten oder der atomare GAU von Tschernobyl tragen zur Verunsicherung bei. Es ist eine Generation, die nach Wohlstand und Statussymbolen strebt, dabei aber skeptischer und pragmatischer ist als ihre Eltern. Computer, E-Mail und die ersten Mobiltelefone verändern das Kommunikationsverhalten und beschleunigen das Arbeitstempo.

Generation Y (geboren 1980–1995)

Die Generation »Why« (im Englischen wird der Buchstabe Y wie das Wort »Why« ausgesprochen) wird häufig als anspruchsvoll und sprunghaft beschrieben. Dank sinkender Geschwisterzahlen gilt diesen Jahrgängen häufig die ungeteilte Aufmerksamkeit ihrer Eltern, sie werden verwöhnt, gefördert und auch für kleine Erfolge gelobt. Auch dürfen sie früh mitbestimmen (z.B. wo die Urlaubsreise hingehen soll, eine Frage, die den früheren Generationen aus verschiedenen Gründen nicht gestellt wurde). Zwischen dieser Kindheit und dem Aufwachsen autoritär erzogener Babyboomer liegen Welten. Im Kontrast zu den stets besorgten Helikoptereltern steht das Geschehen auf der Weltbühne: Klimawandel, Terrorismus (wie die Anschläge von 9/11) und die mit der Globalisierung einhergehenden Umbrüche auf dem Arbeitsmarkt bestimmen das Bild. Karriereversprechen steht diese Generation daher eher kritisch gegenüber, sie fragt nach Selbstverwirklichung und Sinn, gleichzeitig nach Spaß im Leben. Treue zum Arbeitgeber ist selten ein Wert an sich, bietet der nicht das Gewünschte, orientiert man sich um und wechselt. Diese Generation ist die erste, die mit Internet, Mobiltelefon und zahllosen TV-Kanälen aufgewachsen ist. »Y-ler« sind es gewohnt, über Online-Netzwerke weltweite Beziehungen zu pflegen und aufzubauen. Telefoniert wird immer seltener, SMS und später Dienste wie WhatsApp übernehmen die informelle Kommunikation.

Generation Z (1996–2010)

Die Generation Z ist in Deutschland überwiegend in einer Zeit der Stabilität und des Wohlstandes aufgewachsen. Während ganz unterschiedliche Familienmodelle gelebt werden und die Nachrichten von politischen und wirtschaftlichen Verwerfungen beherrscht werden (IS, Arabischer Frühling, Finanzkrise), sehnen sich die »Z-ler« in einer sich immer schneller verändernden Welt vermehrt nach Sicherheit im Job wie im Privatleben. Diese Generation gilt als fordernd und selbstbezogen zugleich. Schüler(innen)initiativen wie »Fridays for Future« oder »Plant for the Planet« zeigen allerdings, dass dies nur ein Teil der Wahrheit ist. Für die Arbeit gilt: Der Job soll zur eigenen Persönlichkeit passen und Entwicklungsmöglichkeiten bieten, gleichzeitig aber auch familienfreundlich sein und genug Zeit für Privates lassen. Diese Generation erwartet ein Umdenken von ihren Arbeitgebern, bevorzugt einen geregelten Arbeitsalltag und trennt Berufliches wieder stärker vom Privatleben. Sie weiß, dass sie Forderungen stellen kann, denn Fachkräfte sind zunehmend rar. Wie die Generation vor ihr ist sie mit dem Internet aufgewachsen und kann sich ein Leben ohne Smartphone nicht mehr vorstellen. Kommuniziert wird schneller, unverbindlicher, mit Sprachnachrichten, Icons und Emojis.

Es geht um Verhaltenstendenzen, nicht um Schubladen.

Natürlich sind diese Kurzporträts der Generationen stark vereinfachend und pauschalisierend.[25] Manche Babyboomer sind bereits in materiellem Wohlstand aufgewachsen, und auch manche Angehörige der Generation Y wurden mit Strenge zu Leistungsorientierung und Karrierestreben erzogen – einmal ganz abgesehen davon, dass bis heute viele Kinder in prekären Verhältnissen groß werden. In jeder Generation gibt es ein breites Spektrum an Lebensbedingungen, das aktuell vom geflüchteten Jugendlichen mit traumatischen Erfahrungen und schwieriger Berufsperspektive bis zum bürgerlichen Nachwuchs mit allen Bildungschancen und beträchtlichem Erbe auf dem Familienkonto reicht. Bei der Übersicht geht es um grobe Tendenzen, die meiner Erfahrung nach wiederkehrende Irritationen und Reibungsflächen in Unternehmen erklären. Denn niemand kann etwas für die Zeit und die Umstände, in denen er aufgewachsen ist und von denen er geprägt wurde.

Ich bin überzeugt: Um Generationenkonflikte zu entschärfen und eine Brücke zwischen den Lagern zu bauen, lohnt es sich, deren Unterschiede auszuloten und zu verstehen. Am Arbeitsplatz fängt man dabei am besten bei der Frage an: Warum suche ich mir eigentlich einen Beruf aus? Vor 40 bis 50 Jahren war diese Entscheidung davon getrieben, etwas Vernünftiges, Solides zu tun und dadurch eine erfolgreiche Laufbahn einzuschlagen. Die klassische Konzernkarriere lief oftmals in ein und demselben Unternehmen ab. Die heute berufssuchenden Generationen gehen ganz anders an die Berufswahl: Sie schauen, was ihnen Spaß machen könnte, und fangen dann etwas an, im Wissen, eine große Vielzahl an Möglichkeiten zu haben und immer noch wechseln zu können. Diese Generation ist nicht so festgelegt, wie die Unternehmen mehr und mehr feststellen. Einige von ihnen öffnen sich daher für Quereinsteigerinnen und Quereinsteiger, die schon viel ausprobiert haben. Eine weitere wichtige Frage ist: Welche Ziele werden mit einer Ausbildung oder einer Berufswahl verfolgt? Früher ging es vor allem um Karriere, um schnellen beruflichen Aufstieg und ein hohes Gehalt. Heute treibt die Jüngeren dagegen die Sinnhaftigkeit ihrer Arbeit um und der Wunsch, eine tolle Zeit zu verbringen. Sie wägen nach einer Ausbildung erst einmal ab: Sind der Job und der Arbeitgeber immer noch etwas, was zu mir passt, was mir gefällt? Passen meine Werte zum Unternehmen? Die Jüngeren haben auch keine Scheu, noch einen zweiten Beruf zu erlernen oder ein weiteres Mal zu studieren.

Verstehen schafft Verständnis.

Für die Zusammenarbeit am Arbeitsplatz bedeutet das, öfter nachzufragen, statt eine andere Herangehensweise gleich als unsinnig oder falsch abzutun: sich zu öffnen, statt sich abzuschotten. Das gilt für beide Seiten – für die Jüngeren, die von den Erfahrungen der Älteren profitieren können, und für die Älteren, denen die Jungen den Weg in die digitale Welt ebnen können. Das wird Reibungsflächen nicht verschwinden lassen, aber überwindbar machen. Ehe Sie sich also das nächste Mal über eine Kollegin oder einen Kollegen ärgern, fragen Sie sich:

1) Welche Beweggründe könnte die/der andere dafür haben?
2) Vor welchem Erfahrungshintergrund handelt sie oder er?
3) Hat diese Herangehensweise möglicherweise auch Vorteile? Welche?
4) Wenn mir das Verhalten ein Rätsel ist: Warum frage ich den anderen nicht einfach nach seinen Gründen? Und gebe Feedback?

Für Unternehmen und ihre Führungskräfte bedeutet das: Schaffen Sie durch gemeinsame Werte eine Klammer, nicht nur zwischen den Generationen, und achten Sie darauf, unterschiedliche Gruppen und Charaktere gleichermaßen fair und wertschätzend zu behandeln. Richten Sie sich beim »Employer Branding« nicht nur an junge »High Potentials«, denn das führt dazu, dass die Älteren sich aufs Abstellgleis geschoben sehen. Altersdiversität bedeutet, alle Generationen zu ihrem Recht kommen zu lassen. Das heißt umgekehrt auch: Es sollte keine simple Besitzstandswahrung im Unternehmen geben. Gehaltsstufen und Beförderungen richten sich idealerweise nach Kompetenz und Performance, nicht nach Dauer der Betriebszugehörigkeit, Geschlecht oder gar ethnischem Hintergrund. Setzen Sie durch die Besetzung Ihrer Führungsriege die richtigen Zeichen. Taten und Vorbilder bewirken mehr als schöne Worte.

Schaffen Sie Vorbilder für gelebte Vielfalt.

Das alles klingt komplizierter, als es ist. Unsere Erfahrung besagt: Sobald Menschen beginnen, sich offen auszutauschen – ob in »gemischten« Projekten oder Teams unter kluger Leitung oder in Workshops abseits des Tagesgeschäfts –, wächst das Verständnis füreinander. Im Alltag stehen Führungskräfte und Ausbilderinnen und Ausbilder daneben vor der Herausforderung, mehrere Generationen mit unterschiedlichen Wertesystemen und Motiven gleichermaßen anzusprechen. Denn nur wer weiß, wie Mitarbeitende ticken, kann motivierende Rahmenbedingungen schaffen – und das Unternehmen in eine starke Zukunft lenken.

Die Aufgaben von Führungskräften verändern sich in diesen Jahren maßgeblich. Von der »besten Fachkraft« weg hin zu einem Dienstleistungsansatz, dessen Kernaufgabe darin besteht, den Mitarbeitenden Rahmenbedingungen zu schaffen, unter denen sie Leistung erbringen können und wollen.

Schaffen Sie es zum Beispiel, die individuellen Motive der Teammitglieder zu erreichen, so können Sie passgenaue Möglichkeiten und Anreize bieten.[26] Das gilt übrigens nicht nur für Führungskräfte, auch Teammitglieder können sich mit dem Wissen um eigene und fremde Motive enorm unterstützen und Arbeit beispielsweise motivgerecht verteilen. Ein erster Schritt in diese Richtung sind die folgenden Fragen:

1) Weiß ich, was meine Mitarbeiter/-innen jeweils antreibt, was einer Person besonders wichtig ist?
2) Wann habe ich Mitarbeitende oder auch Kolleginnen und Kollegen das letzte Mal danach gefragt, wie ihnen Arbeit am meisten Freude bereitet und leichtfällt?
3) Habe ich durch Wertschätzung und Verlässlichkeit eine Vertrauensbasis dafür geschaffen, dass meine Mitarbeiter/-innen offen über ihre Wünsche und Erwartungen mit mir sprechen?

Bei unterschiedlichen Motivlagen wird Führung spannend.

Wer seine eigenen Motive und Werte kennt, wird sensibler für die anderer und kann mögliche Reibungsflächen eher erkennen und lösungsorientiert damit umgehen. Wer so tickt wie man selbst, macht es einem in der Führung einfach. Spannend wird Führung, wenn unterschiedliche Motivlagen aufeinandertreffen – da beginnt dann Führung im eigentlichen Dienstleistungssinne, denn vorher ist es oftmals nicht mehr als ein intuitives Handeln aus der eigenen Führungshaltung und Führungslogik heraus. Um dafür ein Bewusstsein zu schaffen, vergleichen wir Teammitglieder in unseren Trainings und Workshops mit unterschiedlichen Pflanzen, die ein guter Gärtner zum Blühen bringt. Denn Teams sind keine Monokultur! Da steht ein Beet, auf dem (bildlich gesprochen) eine Rose neben einer Sonnenblume wächst. Und ein Kaktus neben einer Tomatenpflanze. Ein Lavendel neben bunten Stiefmütterchen. Jede dieser Pflanzen braucht dabei besondere Pflege, die eine mehr Licht, die andere viel Wasser, die dritte vielleicht einen besonderen Dünger. Nur weil eine Pflanze aufblüht, wenn man sie in die Sonne rückt, muss das der Nachbarpflanze nicht genauso guttun. Im Gegenteil, sie kann unter diesen gleichen Bedingungen eingehen. Gefragt ist der differenzierte Blick.

Wer kommuniziert, entdeckt die Chancen der Vielfalt.

Auf der Basis dieses Bildes kann jedes Teammitglied seine eigene »Pflegeanleitung« erstellen, auf der es seine persönlichen Bedürfnisse notiert, die erfüllt sein müssen, damit sie/er mit Freude Spitzenleistung erbringt. Unausgesprochene Erwartungen kommen so auf den Tisch, Irritationen und Konflikte werden vermieden und das gegenseitige Verständnis gefördert. Ergänzend kann gemeinsam mit dem Team eine »Team-Pflegeanleitung« erstellt werden mit Werten, Regeln und Verhaltensweisen, die für alle gelten. Denn auch bei motivorientierter Führung trägt jeder Mitverantwortung für die eigene Leistungsbereitschaft und das gute Miteinander. Und wer miteinander redet, statt sich still zu ärgern, entdeckt schnell die Chancen der Vielfalt!

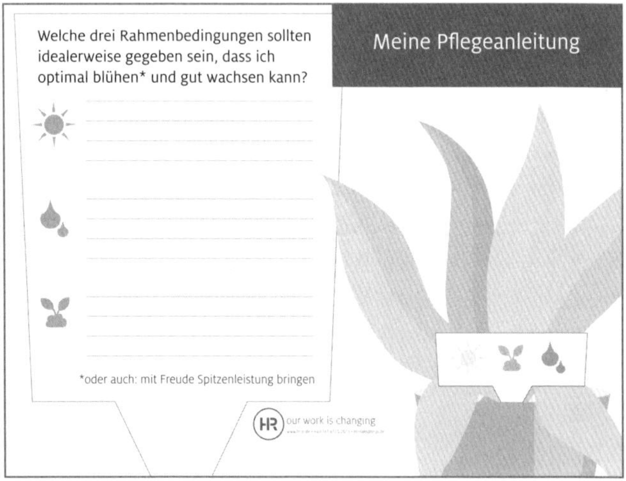

»Das Ärgerliche am Ärger ist, dass man sich schadet, ohne anderen zu nutzen.«

Kurt Tucholsky

SCHLUSS: ERSTE HILFE, WENN ANDERE DOCH MAL WIEDER NERVEN

Damit sind wir fast am Ende unserer Reise durch die verflixte Welt des Änderungswahns. Sie sind nun bestens informiert und (wenn Sie die Übungen gemacht haben) im Training für mehr souveräne Gelassenheit im Alltag. Heißt das, Sie werden sich nie wieder ärgern? Leider nein. Ehrlich gesagt: Ich selbst habe immer wieder Rückfälle, siehe Supermarktkasse (Einführung). Sie werden allerdings immer seltener, je länger ich mich mit Menschen, ihrer Persönlichkeit, ihren Motiven, Werten und Verhaltensgewohnheiten beschäftige. Inzwischen glaube ich: Sich nerven lassen und sich ärgern sind Gewohnheiten, die man genauso wieder ablegen kann, wie man sie sich angewöhnt hat. Beginnen Sie bei Kleinigkeiten – wie der Supermarktkasse – und trainieren Sie dabei für größere Herausforderungen, die vielleicht auf der nächsten Familienfeier lauern. Und wenn ein Rückfall droht, helfen die folgenden Überlegungen.

1. Die Blickrichtung wechseln: Wodurch nerven Sie andere?

Andere sollen von Ihnen genervt sein? Eigentlich undenkbar, denn wir selbst sind natürlich perfekt. Oder? Sie merken sicher selbst, wie ironisch so ein Satz klingt. Psychopathen und Narzissten halten sich vielleicht für großartig. Aber ich mich? Und Sie sich? Nutzen Sie gerne eine stille Minute, in der Sie Lust auf Selbstkritik haben, und notieren Sie, womit Sie selbst anderen auf die Nerven gehen. Was macht Sie in den Augen anderer hin und wieder »seltsam«? Stichworte reichen. Werfen Sie einen Blick auf diesen Zettel, wenn das nächste Mal der Ärger in Ihnen hochkriecht. Das stimmt milde und bringt Sie vielleicht sogar zum Schmunzeln. Und das wirkt Wunder!

2. Die Chef(innen)-Strategie: Sie entscheiden, ob Sie sich nerven lassen!

Auch wenn es seltsam klingen mag: Niemand verpflichtet Sie, sich zu ärgern. Das entscheiden Sie ganz allein selbst. Sie werden sehen: Es fühlt sich großartig an, entschieden zu haben, sich *nicht* zu ärgern. Ein echtes Erfolgserlebnis, auf das Sie stolz sein dürfen. Wenn jemand Sie nervt, geben Sie ihm Macht über Ihre Gefühle und Gedanken. Wollen Sie das? Was Sie brauchen, um sich nicht – wie auf Autopilot – zu ärgern und sich machtlos dem Gefühl des Ärgerns ausgeliefert zu fühlen, ist ein Moment Zeit. Das verschafft Ihnen Reaktionsflexibilität und in diesem Moment können Sie bewusst entscheiden. Atmen Sie tief durch und fragen Sie sich, ob Sie sich ärgern möchten oder lieber nicht. Sie möchten sich ärgern: Bitte! Tun Sie es! Heute lieber nicht? Dann lassen Sie den anderen sein, wie sie/er ist. Machen Sie Ihr Ding. Entscheiden Sie. Fertig.

3. Die wertvollste Notbremse: Was schätzen Sie an demjenigen, der momentan nervt?

Ja, einige Verhaltensweisen anderer sind schwer nachzuvollziehen. Also ärgern Sie sich – möglicherweise sogar zu Recht. Doch wenn Sie es schaffen, sich rechtzeitig drei bis fünf Eigenschaften in Erinnerung zu rufen, die Sie an der gerade »nervigen« Person schätzen – und zwar *bevor* der Ärger losgeht –, entsteht der sich anbahnende Ärger womöglich gar nicht erst. Es kann sogar sein, dass Sie dem Verhalten, das eben noch zu nerven drohte, nun liebevoll entgegensehen können. Denn häufig sind es die übertriebenen Stärken des anderen, die uns nerven. Und oft lieben/mögen wir unser Umfeld eigentlich genau für diese Eigenschaften! Doch jede Stärke kann in der Übertreibung, nun ja, übertrieben wirken.

4. Das Visier hochklappen: Teilen Sie Ihren Ärger mit, statt still zu leiden.

Sie haben ein Recht darauf, auch mal genervt zu sein! Und wenn Sie es sind, dann sollte Ihr Gegenüber das wissen. Geben Sie Feedback über das, was Sie wahrgenommen haben (Ich-Botschaft), erklären Sie, welche Emotion das Verhalten in Ihnen ausgelöst hat (ohne Vorwurf, das ist die Kunst), und formulieren Sie Ihren Wunsch für die Zukunft (zum Thema Feedback vgl. auch Kapitel 3, Tipp 6 »Die Flucht nach vorne«).

5. Die letzte Option: Kurz und knackig ärgern!

Ärgern Sie sich lieber kurz und heftig, als einen still schwelenden Ärger mit sich herumzutragen. Wenn es also ohne Ärger gar nicht geht: Ärgern Sie sich eben! Kurz und intensiv. Und das idealerweise so, dass Sie dabei niemanden (verbal) verletzen. Leben Sie Ihren Ärger im stillen Kämmerlein hemmungslos aus. Werfen Sie etwas (Unzerbrechliches) an die Wand. Schlagen Sie auf ein Kissen oder gegen den Türrahmen. Benutzen Sie alle Schimpfworte, die Ihnen als Kind verboten wurden. Zerfließen Sie auch gerne in Selbstmitleid. Kurz und heftig. Und hören Sie bald wieder damit auf, ja?

Auf der nächsten Seite finden Sie diese Tipps im Überblick – als kleine Gedächtnisstütze für akute Notfälle. Als PDF-Datei zum Download gibt es die Erste-Hilfe-Karte außerdem auf unserer Website unter warum-es-bullshit-ist.de/downloads.

ERSTE HILFE BEI ÄRGER-ALARM

DANKE VON HERZEN

Dieses Buch ist ein lange in mir gereiftes Herzensprojekt. Ohne die Unterstützung der genannten (und einiger nicht genannter) Personen würden Sie es heute nicht in den Händen halten können. Mein ganz besonderer Dank gilt Frau Dr. Petra Begemann. Sie hat die Entstehung dieses Buches als mein professioneller Buchcoach und als sympathische und kompetente Sparringspartnerin begleitet (mehr unter www.petrabegemann.de). Ihr fundiertes Feedback und ihre inhaltlichen Anregungen haben entscheidend dazu beigetragen, dass aus meiner ersten vagen Idee ein Exposé und daraus ein druckreifes Manuskript wurde. Ganz herzlichen Dank dafür! Und auch für den Spaß, den wir beide miteinander hatten. Und für unsere Unterschiedlichkeiten, die ich zu jedem Zeitpunkt als große Bereicherung empfunden habe.

Mein Dank gilt außerdem meinem wunderbaren Mann Stefan, der für mich persönlich einer der tolerantesten Menschen auf Erden ist, von dem ich so viel lernen konnte und kann. Stefan, du warst / bist eine große Inspiration für dieses Buch!

Und ich danke meinen Freundinnen Alina, Annika, Claudi, Julia und Sonja. Die Freundschaft zu euch zeigt mir, dass es möglich ist: Freundschaft über Jahre zu leben, die sich tolerant, liebevoll und unterstützend anfühlt. Ihr habt in jeder Minute an mich und die Realisierung dieses Buches geglaubt. Danke für euren Support!

Ebenso danke ich Katja (die im wahren Leben anders heißt), für die schönen Jahre, die wir zusammen hatten, und die Tatsache, dass meine Reflexion über die Jahre und Momente unseres Auseinanderlebens mir viel Anlass dazu gegeben hat, diese Buchidee zu realisieren.

ANMERKUNGEN

1 https://www.wiwo.de/erfolg/stress-auf-der-arbeit-wer-oefter-ausrastet-ist-frueher-tot/9584224.html
2 Vgl. Gerhard Roth: Persönlichkeit, Entscheidung und Verhalten. Warum es so schwierig ist, sich und andere zu ändern. Stuttgart: Klett-Cotta, 10. Aufl. 2015, S. 116 ff. und S. 141 ff.
3 Roth 2015, S. 27.
4 Essay von Nele Neuhaus unter: https://www.neleneuhaus.de/neleneuhaus
5 Roth 2015, S. 316 ff.
6 Vgl. Dan P. McAdams: »The Psychology of Life Stories«; in: Review of General Psychology 2001, Vol. 5, No. 2, S. 100 ff., und Dan P. McAdams / Jennifer L. Pals: »A New Big Five. Fundamental Principles for an Integrative Science of Personality«; in: American Psychologist 2006, Vol. 61, No. 3, S. 204 ff.
7 https://www.welt.de/sport/article181455594/Rad-Olympiasiegerin-Kristina-Vogel-nach-Unfall-querschnittsgelaehmt.html
8 Vgl. auch Thomas A. Harris: Ich bin o. k. Du bist o. k. Wie wir uns selbst besser verstehen und unsere Einstellung verändern können. Eine Einführung in die Transaktionsanalyse. Reinbek bei Hamburg: Rowohlt, 44. Aufl. 2010, S. 84 ff.
9 Vgl.: https://www.mediatorenausbildung.org/streit-um-die-orange-orangenbeispiel/
10 Vgl. Andreas Patrzek: »Und es gibt doch blöde Fragen. Warum,

warum, warum: Wer so fragt, ist dumm«; in: Focus vom 21.07.2014, im Internet unter: www.focus.de/wissen/experten/andreas_patrzek/warum-nicht-warum_id_3976019.html

11 https://www.hirschhausen.com/glueck/die-pinguingeschichte.php

12 https://de.statista.com/statistik/daten/studie/869/umfrage/gemeinsamkeit-zwischen-allen-menschen/

13 https://www.zeit.de/wissen/2009-12/genom-mensch-erbgut/seite-2

14 www.spektrum.de/lexikon/psychologie/neugier/10472

15 Roth 2015, S. 354.

16 www.hna.de/kassel/interview-psychologie-professorin-heidi-moeller-kassel-3364519.html

17 Einen Zusammenschnitt des harmonischen Ehepaares gibt es im Internet unter: www.youtube.com/watch?v=sA-D--Exc58

18 Tschechne, Rainer: Die Angst vor dem Glück. Warum wir uns selbst im Weg stehen. München: Herbig, 5. Aufl. 2015, S. 85.

19 Wissenschaft aktuell vom 28.05.2009, im Internet unter: www.wissenschaft-aktuell.de/artikel/Alle_sieben_Jahre_wechseln_die_Freunde1771015586027.html

20 Vgl. Claudia Wüstenhagen: »Das Geheimnis der Freundschaft«; in: ZEIT Wissen 1/2011, im Internet unter: www.zeit.de/zeit-wissen/2011/01/Freundschaft

21 Quelle der drei Statements: Evelyn Finger/Ulrich Greiner: »Soll das eine Familie sein?«; in: Die Zeit Nr. 42 vom 15.10.2015, im Internet unter: www.zeit.de/2015/42/moderne-familien-kinderlosigkeit-regenbogenfamilien-lebensmodelle

22 Vgl. die Kundenrezensionen unter: https://www.amazon.de/Das-kalte-Haus-ungl%C3%BCckliche-Kindheit/dp/3492057896/ref=cm_cr_arp_d_product_top?ie=UTF8

23 Claudia Haarmann: Kontaktabbruch in Familien. Wenn ein gemeinsames Leben nicht mehr möglich scheint. München: Kösel, 2. Aufl. 2019, S. 13.

24 McKinsey & Company: »Delivering through Diversity« (2018),

S. 8 ff. Konkret maß McKinsey die Wahrscheinlichkeit, mit der ein Unternehmen wirtschaftlich erfolgreicher war als der Median aller Unternehmen. Gender-Diversität erhöhte diese Wahrscheinlichkeit um 21 Prozent, ethnische und kulturelle Diversität sogar um 33 Prozent; vgl. S. 8. Download der Studie im Internet unter: https://www.mckinsey.com/~/media/McKinsey/Business%20Functions/Organization/Our%20Insights/Delivering%20through%20diversity/Delivering-through-diversity_full-report.ashx

25 Eine ausführlichere Darstellung gibt z. B. Martina Mangelsdorf: Von Babyboomer bis Generation Z. Der richtige Umgang mit unterschiedlichen Generationen im Unternehmen. Offenbach: GABAL, 3. Aufl. 2015.

26 Vgl. Stefan Lapenat / Nele Kreyßig: »Manager 4.0. Menschenkenner der digitalen Welt«; in: Controller Magazin Nov./Dez. 2017, S. 40 f.; zu Motiven im Einzelnen vgl. auch Kapitel 2.

Kostenfreie Downloads zum Buch

Auf warum-es-bullshit-ist.de/downloads gibt es kostenfreies Downloadmaterial, das ausschließlich in Begleitung zum Buch genutzt werden kann. Dort finden Sie unter anderem die Übungen aus dem Kapitel 2 im PDF-Format, die kostenfreie Motiv-Analyse und Weiteres.

LITERATURVERZEICHNIS

Berne, Eric: Spiele der Erwachsenen. Psychologie der menschlichen Beziehungen. Reinbek bei Hamburg: Rowohlt, 13. Aufl. 2012.

Chapman, Gary: Die fünf Sprachen der Liebe. Wie Kommunikation in der Partnerschaft gelingt. Marburg an der Lahn: Francke-Buchhandlung, 38. Aufl. 2019.

Finger, Evelyn / Greiner, Ulrich: »Soll das eine Familie sein?«; in: Die Zeit Nr. 42 vom 15.10.2015, im Internet unter: www.zeit.de/2015/42/moderne-familien-kinderlosigkeit-regenbogen-familien-lebensmodelle

Harris, Thomas A.: Ich bin o. k. Du bist o. k. Wie wir uns selbst besser verstehen und unsere Einstellung verändern können. Eine Einführung in die Transaktionsanalyse. Reinbek bei Hamburg: Rowohlt, 44. Aufl. 2010.

Haarmann, Claudia: Kontaktabbruch in Familien. Wenn ein gemeinsames Leben nicht mehr möglich scheint. München: Kösel, 2. Aufl. 2019.

Herzberg, Philipp Yorck / Roth, Marcus: »Ein Rahmenmodell der Persönlichkeit«; in: dies.: Persönlichkeitspsychologie. Springer VS 2014, S. 5 ff.

Kreyßig, Nele / Lapenat, Stefan: »Der Manager der Zukunft« (13.01.2017), im Internet unter: www.springerprofessional.de/mitarbeitermotivation/leadership/der-manager-der-zukunft/11943322

Kreyßig, Nele: »Der Generationen-Mix macht's«; in: Consulting.de – Das Portal für Unternehmensberatung (16.02.2018), im Internet unter: www.consulting.de/hintergruende/meinung/einzelansicht/der-generationen-mix-machts/

Kreyßig, Nele: »Welche Potenziale in Altersvielfalt stecken« (27.04.2018), im Internet unter: www.springerprofessional.de/personalmanagement/unternehmenskultur/welche-potenziale-in-altersvielfalt-stecken/15529394

Kreyßig, Nele: »Young Digital Generations – und wie Unternehmen mit ihnen umgehen« (13.06.2019), im Internet unter: www.xing.com/news/insiders/articles/young-digital-generations-und-wie-unternehmen-mit-ihnen-umgehen-2372232

Kreyßig, Nele: »Warum sich Jüngere und Erfahrenere missverstehen« (16.04.2019), im Internet unter: www.xing.com/news/klartext/warum-sich-jungere-und-erfahrenere-missverstehen-3200

Lapenat, Stefan / Kreyßig, Nele: »Manager 4.0. Menschenkenner der digitalen Welt«; in: Controller Magazin Nov. / Dez. 2017, S. 40 f.

Mangelsdorf, Martina: Von Babyboomer bis Generation Z. Der richtige Umgang mit unterschiedlichen Generationen im Unternehmen. Offenbach: GABAL, 3. Aufl. 2015.

McAdams, Dan P.: »The Psychology of Life Stories«; in: Review of General Psychology 2001, Vol. 5, No. 2, S. 100 ff.

McAdams, Dan P. / Pals, Jennifer L.: »A New Big Five. Fundamental Principles for an Integrative Science of Personality«; in: American Psychologist 2006, Vol. 61, No. 3, S. 204 ff.

McKinsey & Company: »Delivering through Diversity« (2018); Download im Internet unter: https://www.mckinsey.com/~/media/McKinsey/Business%20Functions/Organization/Our%20Insights/Delivering%20through%20diversity/Delivering-through-diversity_full-report.ashx

Patrzek, Andreas: »Und es gibt doch blöde Fragen. Warum, warum, warum: Wer so fragt, ist dumm«; in: Focus vom 21.07.2014, im Internet unter: www.focus.de/wissen/experten/andreas_patrzek/warum-nicht-warum_id_3976019.html

Roth, Gerhard: Persönlichkeit, Entscheidung und Verhalten. Warum es so schwierig ist, sich und andere zu ändern. Stuttgart: Klett-Cotta, 10. Aufl. 2015.
Tschechne, Rainer: Die Angst vor dem Glück. Warum wir uns selbst im Weg stehen. München: Herbig, 5. Aufl. 2015.
Vogel, Horst: Ach, könnt' ich Euch nur ändern … Vaduz: Edition Kruegenhaltz 2018.
Watzlawick, Paul: Anleitung zum Unglücklichsein. München: Piper, 19. Aufl. 2011.
Watzlawick, Paul: Wie wirklich ist die Wirklichkeit? Wahn, Täuschung, Verstehen. München: Piper, 10. Aufl. 2011.
Wüstenhagen, Claudia: »Das Geheimnis der Freundschaft«; in: ZEIT Wissen 1/2011, im Internet unter: www.zeit.de/zeit-wissen/2011/01/Freundschaft

PERSONEN- UND STICHWORTVERZEICHNIS

ÜBER DIE AUTORIN

Nele Kreyßig ist Geschäftsführerin des HRperformance Instituts in Freiburg. Die HR-Fachfrau und Unternehmerin ist eine gefragte Dolmetscherin zwischen den Welten »Mensch« und »Unternehmen«. Als Expertin für Persönlichkeit, moderne Führungshaltung und Potenzialnutzung zeigt Nele Kreyßig auf, wie viel Potenzial und Kapital in Unternehmen und in unserer Gesellschaft dadurch verloren gehen, dass Menschen einander seltsam finden, nur weil sie »anders« sind. Sie ruft auf zu einem gesunden Mix aus Kompetenzen, Persönlichkeiten, Altersstrukturen und Lebensvisionen. Seit 2014 ist sie als selbstständige Beraterin und Business-Trainerin bundesweit im Einsatz und berät Mittelständler und Konzerne. 2017 gründete sie mit Stefan Lapenat ihr eigenes Beratungsinstitut, in dem sie mit 15 Mitarbeiterinnen und Mitarbeitern bundesweit daran wirkt, vorhandene Ressourcen und Potenziale in Menschen und Unternehmen nutzbar zu machen.

Neben einem B.A. in Business Administration verfügt Nele Kreyßig über zahlreiche Zusatzqualifikationen als Business-Trainerin, Management-Coach, Expertin und Ausbilderin für die MotivationsPotenzialAnalyse MPA® und Trainerin und Coach für Stressmanagement. Sie ist Mitglied im Führungskreis des BDVT (Berufsverband für Training, Beratung und Coaching), Professional Member der GSA (German Speakers Association) und Mitglied bei den Wirtschaftsjunioren in Freiburg. Zusätzlich ist Nele Kreyßig eine gefragte Rednerin zu Themen wie »Fokus Führungshaltung: Warum es Bullshit ist, so zu führen wie bisher!« und »Warum es Bullshit ist, andere ändern zu wollen!«.

Mehr unter: https://www.hr-performance-institut.de und https://www.nelekreyssig.com/

Dein
Leben

Dein Leben

Inspirierende Impulse und praktische Tipps, die Ihr Leben leichter, besser und schöner machen.

Dörthe Huth
Gute Laune an jedem Arbeitstag
ISBN
978-3-86936-875-7
€ 17,00 (D)
€ 17,50 (A)

Brian Tracy
Eat that Frog
ISBN
978-3-86936-909-9
€ 20,00 (D)
€ 20,70 (A)

Felix Maria Arnet
Brutal gescheitert!
ISBN 978-3-86936-874-0
€ 17,00 (D) / € 17,50 (A)

Sebastian Mauritz
Immun gegen Probleme, Stress und Krisen
ISBN 978-3-86936-908-2
€ 24,00 (D) / € 24,70 (A)

Ralf Schmitt, Mona Schnell
Kill dein Kaninchen!
ISBN 978-3-86936-832-0
€ 19,90 (D) / € 20,50 (A)

Hans-Georg Willmann
Verblüffend einfach Ziele erreichen
ISBN 978-3-86936-803-0
€ 17,00 (D) / € 17,50 (A)

Monika Hein
Empathie
ISBN 978-3-86936-831-3
€ 22,90 (D) / € 23,60 (A)

Barbara Messer
Das pure Leben spüren
ISBN 978-3-86936-834-4
€ 17,00 (D) / € 17,50 (A)

E-Book **Alle Titel auch als E-Book erhältlich**

gabal-verlag.de